公益的元问题

李小云 / 著

中信出版集团 | 北京

图书在版编目（CIP）数据

公益的元问题 / 李小云著 . —北京：中信出版社，2021.11

ISBN 978-7-5217-3605-2

I. ①公… II. ①李… III. ①慈善事业 – 研究 – 中国 IV. ① D632.1

中国版本图书馆 CIP 数据核字（2021）第 191562 号

公益的元问题

著者： 李小云

出版发行：中信出版集团股份有限公司

（北京市朝阳区惠新东街甲 4 号富盛大厦 2 座 邮编 100029）

承印者： 宝蕾元仁浩（天津）印刷有限公司

开本：787mm×1092mm 1/16 印张：14.25 字数：197 千字

版次：2021 年 11 月第 1 版 印次：2021 年 11 月第 1 次印刷

书号：ISBN 978–7–5217–3605–2

定价：58.00 元

目录

序言　解慈善文化，释公益文明 / V

前言 / XVII

第一章　为何公益? / 001

慈善为何让人感到幸福 / 002

自私的巨人 / 006

慈善公益始于家庭 / 010

仁者爱人，推己及人 / 012

民间慈善仅仅是善吗? / 020

慈善与公益有区别吗? / 023

舒适性的牺牲与利他主义? / 027

公益的维度 / 030

大眼睛的小女孩 / 032

第二章　捐赠的困惑 / 034

捐赠：公益的“魂” / 035

捐赠并非施善 / 038

捐赠的动力是什么? / 044

中国人吝啬? / 047

扎克伯格的“裸捐”/ 050
劝捐与道德绑架 / 055
捐赠的政治 / 057

第三章　公益的纠结 / 061
公益属于公众 / 062
公益人是“圣人”? / 065
公益组织的异化 / 070
公益头上的“三座大山”/ 074
公益的烦恼 / 078
公益为何“纠结”? / 081
在中国做公益难在哪里? / 085
公益记忆的失范 / 088
公益是把“双刃剑”/ 091
商业向善，公益向哪? / 095

第四章　公益与资本 / 099
公益与利他 / 100
“狼”会成为“绵羊”吗? / 103
没了资本就没了公益? / 107
康晓光为什么道歉? / 111
商业是公益，为什么企业家还要做公益? / 115
徐永光的公益向善 / 119
遗产税与公益 / 122
公益离不开资本吗? / 126

阿拉善 SEE 基金会象征着什么？／129

第五章 公益的创新／133

互联网众筹／134

轻公益与重公益／140

马化腾的指尖公益／143

“水滴筹”：慈善还是生意？／149

比尔·盖茨的无电冰箱／150

卢迈的山村幼儿园／152

马云的教育慈善／154

李铁的沙漠种树／156

99 公益日／158

第六章 公益之路／161

中国公益正在出现的若干主义／162

朱传一的公益“三民”／166

何道峰的公益与现代性／168

王石的乡村公益／170

中国会成为公益社会吗？／173

公益能脱离政府吗？／178

精准扶贫中公益为何缺位？／181

万达的 14 亿元能干什么？／187

中国民间组织为什么也要“走出去”？／191

中国民间组织的第三次浪潮／195

序言
解慈善文化，释公益文明

徐永光①

李小云说要出一本书，名为“公益的元问题”，让我作序。知道这位跨界闯入公益的“云教授”思想高耸入云，我诚惶诚恐等待着他的书稿，结果一直没有动静。某天，他约我去一家西班牙风味餐厅喝啤酒，席间谈起中央芭蕾舞团的《红色娘子军》，说已捷足先登看了彩排。问他缘何如此迷醉这个“文革”中的“样板戏”？李教授立马兴奋地站起来说：“《万泉河水清又清》，可是我学拉小提琴的第一支曲啊！”知道他会画画，其新著《贫困的终结》封面上画的老房子系他亲手所绘，河边村和昆明实验村的房子也都是他自己设计的，想不到还懂音乐。问他“书稿完成没有？”他竟诧异道，“还没给你吗？”正经事倒是忘得一干二净。

言为心声，文如其人。说李小云的书，最好先知道他是怎样一个人。

李小云是77级的少年大学生，一直读到博士，是中国第一位作物栽培学博士。“按教育背景来讲，我算是一个生物学家”，他说。儿时的艺术爱好，给他带来了艺术家的气质，最难得技不离手。最近他写

① 徐永光，南都公益基金会名誉理事长、中国慈善联合会副会长、国务院参事室特约研究员、“希望工程”创始人。

了乡村建设与美学的随笔，信手拈来的爱好用在了扶贫攻坚和乡村建设；理科背景，令他思考和处理问题时讲求逻辑、注重数据、理性冷静。80 年代，他在中央书记处农村政策研究室任助理研究员；90 年代初，赴德国、荷兰学习，比较深入地接触了西方的发展理论和国际 NGO（非政府组织）的发展，同时在国际发展学领域确立了个人影响力。1989—1994 年在中国政府和联邦德国的双边合作项目——中德综合农业发展中心任常务副主任，还在伦敦政治经济学院、挪威奥斯陆大学做访问教授。严格的英语训练，令他操一口流利的英式英语，见到德国人、日本人，即转为德语、日语，他客气地说只能简单来几句，但不妨碍交流。李小云创办了中国第一个发展研究的学院，一直担任中国农业大学人文与发展学院、公共管理学院的院长，培养了一大批活跃在国内外的发展研究人才。这都是他人生中最辉煌的纪录。目前，他是中国农业大学文科资深讲席教授，算是文科最高级别的教职。近几年又创办了国际发展与全球农业学院，并担任名誉院长。他常说自己是一个社会实践者，但他的工作跨越理论和实践，在扶贫、乡村、公益、性别、国际发展、非洲农业等领域均有建树，样样有声有色，是个不折不扣的跨界学人。

他比较早地掉进了公益这个“坑”。二十多年前，他参与设计并推动了国务院扶贫办、亚洲开发银行与中国扶贫基金会合作的 NGO 扶贫项目，我们在那时认识，但交往不多。2015 年 11 月，中共中央、国务院做出“关于打赢脱贫攻坚战的决定”，彼时李小云作为“圈内人”，已有内部消息。年初，他就悄然来到云南省勐腊县做调查，相中了位于中老边境的河边村。按照北方人的粗俗话，这是个“鸟不拉屎”极偏远的地方，他要在这里做公益助贫实验。

“回到酒店打开电脑，给徐永光先生写了一封很短的邮件，大意是，永光先生，多年不见。我现在在云南省一个边远的山区，想在当地注册一个公益组织，扎下根来，搞一个公益扶贫实验，需要您的支持。”我与李小云十多年没有联系过了，接到他的邮件很是意外，当看到“我要辞去农大发展学院院长来做这个实验”时，我的胸口像被“撞”到了，立即回信：“李教授，支持你的决定，这是个壮举，成功了是英雄，失败了也是英雄。”我心里想的是，这事成功的概率太低了，但为社会创新承担风险，正是公益组织的题中应有之意。我立即与敦和基金会秘书长刘洲鸿联系，他是我的老部下。很快，敦和基金会批准了给尚未注册成功的“小云助贫中心”80 万元资助预算。

6 年来，李小云带着一群热爱公益的青年人，在河边村实践公益助贫样板。这个以村民为主体的脱贫样板，动员了社会，影响了政府，凸显了公益的价值，为中国乃至世界的减贫事业贡献了成功案例。作为“最有思想的行动者和最会做事的思想者”，李小云知行合一，且做且思，感慨良多，思想火花四溅的文字喷涌而出。2021 年，他的《贫困的终结》和《公益的元问题》两本著述相继问世；个人又荣膺“全国脱贫攻坚奖创新奖”和“全国脱贫攻坚先进个人”称号，捧回两座奖杯。

《公益的元问题》说了些什么？这里有三个关键词，“公益”“问题”和“元”。讲公益问题的人很多，讲公益“元问题”的只有李小云。因此需要先解解这个“元”字的意味。许慎《说文解字》中说“元，始也”；元亦可解释为头部，元还有大的意思。所以，小云讲的公益元问题，即关于公益起始的、基本的问题；还是头部的、大的、带有根本性的问题。

《公益的元问题》前言开篇：“小时候，姥姥跟我讲，在大旱之年，官府和富人会提供舍饭，也就是为饥民免费供餐，这是我对慈善公益最初的认识。”“听姥姥讲故事”，即为本书叙事论理的行文风格。读罢全篇，发现几乎所有的文章，都是通过叙事引出道理；几乎所有文字背后，都有李小云自己的身影。他像一位博物馆解说员，引导大家，讲述自己参与过的事件，介绍自己走过的路，带着他的思考，带着真情实感，深入浅出。他的文章很有画面感、代入感。

这本书讲了很多道理，但并非高深难懂的理论著述，初涉公益的小白都能读懂；这也不是只给公益从业者看的自娱自乐、自艾自怨、隔靴搔痒的“圈内”读物，而是把公益慈善与人性、人情、社会关系、伦理常识乃至中外慈善文化打通的大众通俗公益读本。企业家、捐赠人、志愿者、一切公益参与者和对公益有兴趣的旁观者，都可以从中找到自己，引起共鸣，得到教益。如果给李小云的书改一个书名，可以叫《给你一双慧眼看公益》，他能给你智慧和一双明亮的眼睛。

读《公益的元问题》，令我不能不陷入沉思：李小云的文字，是不是诠释了一条从慈善文化到公益文明的模糊路线，其中包含许多复杂的跨界、跨文化、跨学科的东西，谋篇布局也是时空交错、虚实有致。声明两点：其一，这是我的发现和思考，试图借此挖掘李小云公益思想中深层次的东西，与这本书是“通俗公益读本”的定义并不矛盾；其二，我所用的“慈善”“公益”两个词，是可以互换的。换成“从公益文化到慈善文明”亦未尝不可。“慈善”一词的内涵本来就可小可大，小到邻里互助是慈善，属于传统的私益慈善，大到《慈善法》规范的也是慈善，属于现代的公益慈善。“从慈善文化到公益文明”，所讲“慈善文化”包含传统和现代，过去和今天；“公益文明”是我们追求的目标，有更多探索性和代表未来的成分。

德国学者埃利亚斯的《文明的进程》，是一部“为21世纪的社会学指明了方向”的鸿篇巨制。他提出，可以把“文化”和“文明”做一个界定和区分，即“文化”是使民族之间表现出差异性的东西，它时时表现着一个民族的自我和特色，因此，它没有高低之分。而“文明”是使各个民族差异性逐渐减少的那些东西，表现着人类的普遍行为和成就。换句话说，就是“文化”使各个民族不一样，“文明”使各个民族越来越接近。接下来埃利亚斯又指出，“文化”是一种不必特意传授，因耳濡目染就会形成的性格特征和精神气质，而“文明”则常常是一种需要学习才能获得的东西，因而它总是和“有教养”“有知识”“有规则”等词语相连。也就是说，“文化”与传统有关，它是特殊的，而“文明”与未来有关，它是普遍的（参见葛兆光：《“文化”与“文明”有何区别》）。

文明的实现是一个过程：中世纪的欧洲，人们在餐桌上直接用脏兮兮的手去抓，狼吞虎咽，吃相难看（而中国人早在二三千年前就发明了用筷子吃饭）。13 世纪时，一位拜占庭的公主在威尼斯突发奇想，用一枚小巧的金叉将饭菜送入口中，竟引起轩然大波，被视为大逆不道。神父更诅咒她把杀人用的刀叉拿上餐桌的行为，甚至认为是对上帝的亵渎。经过几个世纪的较量，在餐桌上用刀叉切肉和用勺喝汤的行为，从欧洲宫廷传到了民间，成为西方人无不遵从的餐桌文明。这是埃利亚斯在《文明的进程》中讲述的故事。

李小云说：“中国虽然在传统里也有丰富的慈善思想，但进入新中国后，传统文化的断裂使我们在概念上很少有这些传统捐赠的理念，加上客观上国家主导一切的现实……使传统慈善没能继续发展成为现代公益。更重要的是，我们的传统慈善观没有深入意识形态的理念和价值中，最多也不过是在社会和家庭的教育层面上，即便在没有这种文化断裂的台湾，捐赠文化也不像欧美。并不是说我们要通过宗教来改善捐赠文化，而是普遍性捐赠价值的缺失是我们公益不得不面对的现实。我虽然在为‘99 公益日’摇旗呐喊，但是除了依靠每个人朋友圈的扩散，真正大众意义上的捐赠有多大比例，我对此是有疑虑的。如何让捐赠慢慢成为中国的社会意识形态和价值取向，的确是中国公益发展面临的挑战。”

在《公益的元问题》中，李小云用了许多篇幅，从政治、经济、社会、历史、文化等角度，讨论中国的慈善文化与西方慈善公益的异同，这对于帮助我们理解中国慈善文化和公益文明的进程大有裨益。

“公益和任何社会意识形态一样，都建立在特定的历史和社会经济条件之上……美国有着发达的公益，我把这样的社会叫作‘公益分配型社会’。虽然欧洲（西欧和北欧）公益也很发达，但是他们的税率很高，我把这样的社会称为‘政府分配型社会’。”

关于中国的慈善与公益，李小云发现，“直到今天，我们的慈善公益实践也没有很好地解决传统慈善‘私益’和‘公益’的问题，未能有效地将中国传统的慈善资源转化为回应现代慈善与公益需求的新思想资源”。同样是借助信息化工具的互联网募捐，由水滴筹等几家公司发动的个人求助筹款高达五六百亿元；而《慈善法》规范之下的互联网公益募捐，投入政府指定的二三十个平台和数百家基金会、慈善会，筹款总额才为个人求助捐款的20%。前者是私益慈善，后者是公益慈善。前者印证了中国传统慈善文化依然强势，潜力无限；后者反映了中国现代公益文明仍处于弱势，任重道远。李小云说的“我们的慈善公益实践也没有很好地解决传统慈善‘私益’和‘公益’的问题”，是很有解释力的判断。

“中国社会的大转型正在重塑社会与国家的关系。社会问题的不断出现单单依靠国家无法很好地加以解决，公益的空间越来越大。我们不可能通过宗教来建设中国的公益文化，但是我们需要寻找属于中国的公益社会资源。从中国文化里寻找中国公益的传统社会资源，从中国发展的实践中寻找新的公益资源，这都会促进中国公益事业的发展。”

中国慈善公益的进步发展，取决于公众参与水平的提升。公众参与，有一个从感性到理性再到精神认同、伦理构建的过程。李小云认为，“公益不是简单的慈善行为，而是一个基于平等、和谐伦理的社会行动。在中国，那些直接救助型的公益比较容易得到支持，我称之为‘显性公益’或‘问题公益’。这类公益能够马上促动情感。但是，我们在募捐从事解决问题的公益项目时就很难筹到资金，这类公益我称之为‘隐性公益’或‘方案公益’。‘人人公益’不仅是指人人参与，更重要的是指他们能够识别那些能够实现社会公平和解决社会问题的公益实践”。如何引导公众深度参与社会公益事业，我与小云的答案是一致的：公益募捐不单单是筹款，筹人比筹款更重要；情感驱动容易，但热情难以持久；需要引导公众从接受“显性公益”“问题公益”到关注“隐性公益”“方案公益”，识别对人类文明进步产生长远影响的社会问题，理性参与、集思广益、群策群力。这就是李小云定义的“人人公益”。可以说，“人人公益”是公益文明的重要标志。

公益慈善的另一方是受益者。李小云强调不能把受益者定位于被动施与对象，而应让其成为主动参与者，成为公益主体。李小云在河边村所做的精准扶贫的公益实践，正是努力跳出传统慈善的窠臼、追求现代公益文明的探索过程。从“撒币”式扶贫到以村民为主体的参与式发展，这是李小云借鉴西方 NGO 经验结合中国国情的成功应用；而由开发性扶贫的中国经验到把扶贫投入的住房改造，转化为能为村民带来财产性收入的“瑶族妈妈的客房”——我在那里住过，实现公共和公益扶贫资金投入的有效性、可持续性，则是李小云的独到创造。但是，他一直很警惕、很清醒，常常反思慈善公益的两面性。

“慈善公益的两面性是一个悖论。我们不能因为所从事的事业在道德上无可非议就失去了对该事业产生负面影响的警惕性。最大限度地避免负面性的关键在于提升公益组织对自身道德性和基于道德性产生的非道德性结果的认知。如果我们坚持认为自己所做的事情一定是积极的，那么有可能我们所做的事情的结果会产生消极影响。我这几年在河边村做公益扶贫已经开始体会到了这样的负面性。村民收入提高了，有的农户都买了汽车，但是让他们提供幼儿园的所需费用难度就很大，在他们的印象中，解决幼儿园的事情似乎是李老师的事情，因为从一开始幼儿园的建设到孩子们的营养早餐以及老师费用都是由李老师解决的。从某种意义上讲，他们已经形成了慈善依赖，所以我和同事在另外的村建设乡村幼儿园时，从一开始我们就设计如何让农民承担起他们力所能及的责任。慈善公益是公益人的社会学习过程，在这个过程中，需要对慈善公益的两面性有深刻的认识。”

李小云认为，当慈善和公益成为普遍的社会行为时，慈善公益究竟解决什么问题，慈善公益究竟会带来什么样的社会结果，不同的公益人、不同的学者就会产生争议。为此，他提出了“朴素公益”的概念。他所讲的“朴素”，其含义主要是指公益大众性的问题。而公益大众性是指公益文化更大程度的包容性，也就是说，大多数公众能从公益活动中找到自身的认同。他强调，公益文化不应该专属于某些阶层，公益需要搬走头上的“三座大山”：一是“钱”，缺钱的焦虑，资金的困境；二是无所不在的“权”，政府、官员、行业“大咖”；三是“学”，搞一些活动都要沾上知名大学、知名学者的牌子。“三座大山”一边压得草根 NGO 喘不过气来，一边被压迫者又对其不离不弃；而“大山”们一直高高在上，缺少谦卑，很少反省自己的哪些行为是在给公益添乱。这是李小云对公益行业庸俗化表现少有的犀利批评。

谈“公益的元问题”，不能不涉及公益的“利己与利他”之争。李小云在书中多次讲到自私是人的本质特点，而慷慨则是人的一个社会特点。他指出，慷慨是一种行为，而非一个属性。从这个意义上讲，自私和慷慨好像并非在同一个结构关系中。自私的人有时会慷慨，而利他的人也未必处处都慷慨。因人性使然，公益的一项重要使命就是遏恶扬善。这是李小云多次和我讨论的，我深表认同。

这就绕不开董强写的《中国公益正在出现的若干主义》。“公益原教旨主义”，以康晓光为代表；“公益市场主义”，以徐永光为代表；“公益改良主义”，以李小云为代表。平心而论，康、徐的所谓“主义”，都有“矫枉过正”的成分；到底有没有“过犹不及”，则可以见仁见智。

李小云的“公益改良主义”认为要形成自利和利他相平衡，自立和互助相结合的现代公益社会，强调要在公益文化，公益与国家、市场的关系，防范公益组织异化等方面加以变革。对于公益与国家、市场之间关系的理解是，公益是具有自主性的，不能成为国家主义的组成部分，也不能成为民粹主义的工具，更不能成为发展主义的奴隶。从这点来看，公益改良主义与公益原教旨主义保持了一致性。关于公益与市场的关系，李小云看到了企业向左重视承担社会责任给公益带来的巨大挑战：公益很可能会被企业在社会伦理约束下尝试采取的社会行为所迷惑、所俘虏、所消灭，但是社会需要一个元公益伦理驱动的公益。因此，从这个角度看，公益改良主义认同公益市场主义对公益的市场化改造，学习市场的手段，但不能破坏掉公益的元伦理价值。

毋庸置疑，李小云坚守的中庸之道有理有据、左右逢源，代表了公益意识形态倾向的最大公约数，故很有“卖点”，颇为“畅销”。无论如何，这些思想的碰撞都是当下中国慈善文化的反应；探讨争论，不足为怪；思想碰撞，有益无害。本质上，我们都坚定行走在公益慈善的“朝圣”路上，前方就是公益文明的灯塔。

几年前，康晓光发了《驳“永光谬论”》的长文，批判我的《公益向右，商业向左》那本书。我在出差回京途中看到，立即将康文转发微信朋友圈，附言道，“感谢晓光为我做促销广告”。在飞机上急就了一篇《答复关心“康徐斗”的朋友》，里面写道，“晓光是学界大咖、我的公益铁杆伙伴，我很多成功的事情都离不开他的贡献，他还是在我困难时分挺身而出、两肋插刀的人。为何今天分歧如此……飞机降落北京，这篇东西连沾（粘）带写草成。非为回应晓光，而是答复关心‘康徐斗’的朋友。观点分左右，认识有歧见，思想多交锋，公益才成界。徐永光、康晓光是君子之交，共事斗争二十有年，吵架是常态，各位看官切勿大惊小怪。”下飞机时发现有许多微信评论，又加了一段后缀：“爱凑热闹的亿方基金会秘书长李北伟改了《道德经》几个字，称‘永光知其荣守其辱为天下谷，晓光知其黑守其白为天下式’。对两人都过誉了，但有格局，不看笑话，甚感欣慰”。

李小云愿意出任某个私人基金会的“首席公益学家”。对他发明的这个“公益学家”名称，我非常赞许。政治领域有“政治家”，科学领域有“科学家”，商业领域有“企业家”，慈善领域已有“慈善家”，这是富人的专属。而以公益为志业（借用陈越光《以公益为志业》书名）的专业人士，何不把“公益家”作为“成家”的追求标杆？本人在这个行业混了三十多年，如果有人这样称呼我，当欣然受之。

李小云脑中总有新思想出现，堪当“公益思想家”之名。在修远基金会“中国本土公益道路与公益理论建设”讨论会上，他谈“公益为何纠结”，认为纠结是因三种记忆的错位导致的。首先，公益组织对于自己的总体印象是过去三十多年中国的公益事业对中国的发展发挥了巨大的作用。这里有两个重要标志：一个是“希望工程”，一个是汶川救灾。“希望工程”标志着中国公益事业正式登上了解决中国发展问题的舞台；而公益组织参与汶川救灾则是中国公益组织走向成熟的集体性呈现。这二者促成了中国公益组织自我价值提升的集体性记忆的生成。进而，公益组织还不断试图说明自身在中国巨大社会变迁中不可替代的作用。

这有何不妥？1989 年启动的“希望工程”在解决社会问题的同时，创造了以公益品牌进行社会动员的范式，已被公益组织广泛采用；

2008年汶川地震激发了民间草根NGO的崛起，其价值远远超过了贡献多少力量。2012年中共十八大提出“加快形成政社分开、权责明确、依法自治的现代社会组织体制”的改革目标；2016年全国人大通过《慈善法》……三十多年的公益探索与制度变迁，尽管曲折不定，潮起潮落，但这不正是中国慈善文化与公益文明融合进步的必由之路吗？

李小云的纠结自有他的道理：“中国的公益面临着如何在政治上理解国家主义，在文化上理解中国社会日常伦理，以及从全球化角度理解社会文化转型这三个方面的挑战，而应对这些挑战并不容易。公益无论作为价值、意识形态还是实践都离不开与这三个方面的互动。如果中国的公益事业想要获得大的发展，仅仅依靠政府提供的空间是远远不够的，中国公益事业必须直面在国家承担起越来越多的社会责任以及市场和国家日益穿透社会的新语境下，公益的生存空间和功能何在的问题。公益的市场效益倡导者找到了公益与市场的结合点，超越了传统的慈善局限性，但这远不能从根本上破解纠结的难题。”公益究竟在中国意味着什么？开辟“与国家和社会有机整合”的新路径会不会是一种可能？这都是当下公益社会不得不面对的一个严肃的现实问题。

李小云给公益同侪提出的中国命题有些沉重，也许需要数年、数十年方可破解。正好，小云的纠结思考，可以装进“解慈善文化，释公益文明”这个“筐”里，供大家一起商榷讨论。文明的进程并非直线上升，跌宕反复再正常不过，但发展大方向是不会变的。管理大师彼得·德鲁克提出“公益组织的使命是改造人类和社会”；公益文明创造的最大价值是“社会资本”，也就是建立人与人之间的信任关系，这与马克思描述的未来社会——“自由人的联合体”，是否有异曲同工之妙？在那里，每个人的自由发展是一切人的自由发展的条件。个人与自然、个人与社会、个人与个人之间处于一种和谐共生的状态。这何尝不是公益文明的美好图景！

前　言

小时候，姥姥跟我讲，在大旱之年，官府和富人会提供舍饭，也就是为饥民免费供餐，这是我对慈善公益最初的认识。我在童年和少年时期，并没有参与过这样的活动，也没有接受帮助的经历。因为在我成长的整个时期，我们都处在一个“国家社会”之中。1989 年 10 月，我在电视上看到了“希望工程”的消息，知道了中国青少年发展基金会，这是我第一次了解到中国慈善公益组织，那时我还不认识徐永光先生。虽然知道了“希望工程”，但在慈善和公益方面，我仍然是一个“文盲”。1990 年，我前往德国学习，课程中有一个专题讲的是“民间社会”（Civil Society），这个概念对于像我这样来自“国家社会”的人来说，非常陌生。记得当时我向老师提了一个问题，公益组织做了这么多事，那政府做什么呢？后来，我前往荷兰学习，假期时，一位荷兰同学邀请我到农民家中做志愿者，她解释道，就是帮助农民收获农作物，住宿免费，还给提供早餐和午餐。假期里没什么事情，我自然是一口答应下来，于是这位同学便带我去了荷兰的一个家庭农场。在这里，我的主要工作是摘豆角和西红柿，食宿全免，省了我很多钱，还让我了解了荷兰的农场生活，我自然感到非常高兴。晚上的时候，我和二十多个志愿者住在一个上下铺的房间里，卫生间和浴室是公用的。这便是我第一次当志愿者的经历。我当时不懂为什么参与这样的活动会被称为志愿者，我去做这样一件事儿，真的是为了省一点钱。我问那位同学做这样的事情有什么意义，她说，这是由一个农民互助组织搞的公益活动，目的是为经济有困难的农户提供帮助。因为经济状况较差的农户没有钱雇用工人帮助他们在农忙时收获农产品，所以这个农民互助组织会招募一批青年学生作为志愿者。有一次在德国，我和几位年轻朋友喝啤酒，他们提到明天是“牺牲日”，所以今晚要少喝一瓶，明天把这瓶啤酒的钱捐出去。我问在座的其他几位朋友，都纷纷回答他们也会捐。就这样，慈善和公益开始进入我的脑海里。

我回国后开始在研究和实践中介绍我在欧洲学习的东西，其中，民间社会、性别与发展、参与式发展等议题，都是我那个阶段工作的重要内容。80 年代末期以后，大量的国际民间组织进入中国，如福特基金会、救助儿童会、世界宣明会、德国明爱和乐施会等。这些民间组织在中国需要一些既懂外语又懂西方发展理念的人协助他们开展项目，我从那个时候开始，便为许多国际民间组织在中国的项目提供技术支持。同时也为国际多边发展组织以及双边组织提供技术支持，所以我曾经将自己称作“发展掮客”。应该说，我对慈善公益的理解和认识都受到了西方概念和框架的影响。我当时所在的单位是由联邦德国和中国政府共同支持的双边合作项目的机构，叫北京农业大学中德综合农业发展中心（CIAD）。在德国专家的支持下，我和同事们系统地接受了发展实践的训练，分别在发展项目规划、项目检测、项目评价和培训等多个方面为国际组织提供支持。很长一段时间，我们都是自负盈亏的，所以很多国际组织将我们看作是“NGO”。我记得当时福特基金会的驻华代表托尼·赛奇先生对我说，他认为我们可以逐渐发展为一个独立的智库型和实践型的农村发展机构。当然，后来我们决定发展成为一个大学的学院，托尼·赛奇依然给了我们很大的支持。那时候有位来自英国的先生叫尼克·杨，他的夫人是救助儿童会驻中国的代表，他当时正在编辑《中国发展简报》，我记得我曾帮助他编辑了一份中国“NGO”名录，我所在的单位也被收录其中。在大量国际民间组织进入中国的大潮中，我由一个对慈善公益非常陌生的人，逐渐成了一个深受西方民间社会思潮影响的人。在很长一段时间里，我都以“西方的地方专家”自居，漫游在各种国际组织与中国的机构之间。

20世纪90年代初，何道峰先生接手中国扶贫基金会，我和他是原中央书记处农村政策研究室的同事。我分配到研究室的时间比他晚，那时他已经是一位有影响力的政策专家了。他接手中国扶贫基金会后，请我一起做点工作，所以我也断断续续、非正式地参与了一些工作。这是我真正了解中国民间组织的开始，何道峰先生也算是我进入慈善公益领域的领路人。90年代末，我在宁夏盐池开始从事农村社区发展的实践工作，当时我们项目的合作方是宁夏盐池县科委下设的治沙工作站。工作站有一位非常能干的研究人员，叫龙治普，在与他合作的过程中，我们逐渐把这个治沙工作站发展成宁夏第一个民间组织，该组织现在已经成了中国西部地区普惠金融领域非常有影响力的民间机构，也是我个人亲自参与策划并长期支持的民间组织。在此过程中，我开始思考中国民间组织的发展问题。

在那段时期，我还结识了著名的民间环保人士廖晓义女士。彼时，她刚从国外回来，致力于民间组织的环保行动，成立了地球文化村。我在单位里为她提供了多年的工作空间，也不断与她探讨民间组织的发展。那个阶段最大的难题是民间组织没有办法注册，而廖晓义的地球文化村是在工商局注册的，因此她不得不与工商管理部门协调税费问题，好在那时正处于改革开放的大潮中，大家对吸引外资、引进西方先进管理理念持积极态度，所以基本上也都能在“灰色地带”展开活动。

这些经历一方面让我开始认识中国现代的慈善公益，另一方面也让我不断产生民间组织发展的制度性困惑。今天民间组织的法律环境已经完全不同以往，慈善公益法和相关政策都已非常完备，这也得益于那个阶段许多民间公益人士的实践和各种政策的倡导和呼吁。90年代末，国际计划（Plan International）驻华代表迈克菲先生找到我，希望我能帮他们解决在华工作的合法地位问题。整个90年代，国际民间组织在华的工作都处于一个法律地位的模糊状态。除了关怀国际（Care International）与当时外经贸部的中国国际经济技术交流中心签署过双边协议，与国际多边和双边组织享有同等待遇之外（如享受免税），大多数的国际民间组织多是与相关部门和地方政府签署项目合作协议。这种协议无法享有多边和双边组织的同等待遇。迈克菲先生找到我后，我与陕西省政府共同探讨，设法为国际计划在陕西提供更为稳定的工作环境。陕西省政府依托陕西省妇联与国际计划签署了协议，这个协议虽然不能等同政府间的协议，但在陕西省政府的支持下，国际计划在陕西的工作获得了一个相对稳定和优惠的环境。这些工作的经历让我开始对国际民间组织在中国的发展、中国国家与社会的关系等议题有了认识。

也是在90年代末期，曾经在中国青少年基金会工作的崔玉女士成立了恩玖中心，商玉生先生是理事长。“恩玖”这个名字，其实是取了“NGO”一词的谐音。我被邀请为恩玖中心的理事，在她们组织的活动以及其他活动中，我结识了朱传一先生、商玉生先生、杨团先生以及资中筠先生，从他们那里学到了美国的慈善公益、民间社会等各方面的知识。我常与商玉生讨论公益，与朱传一先生讨论美国的公益，与杨团先生讨论中国的社会组织，这些讨论不断加深了我对“公益是一个现代化问题”的理论认识，他们都是我从事公益工作的领路人。

何道峰算是中国现代公益事业的重要人物，那个阶段的中国扶贫基金会不仅在不断创新中国公益组织的管理模式，更重要的是，扶贫基金会的理事会和各种项目的专家讨论会更是中国公益理论和实践的研讨会。康晓光、王名、徐永光、李强等对中国公益产生了重要影响的人物都是中国扶贫基金会各种活动的常客。我频繁参与这些活动，不仅提供了我的观点和贡献，还从他们那里了解到更多中国慈善公益的发展。

虽然我在过去很长一段时间都不同程度参与了各种类型的公益活动，但从严格意义上讲，直到 2015 年，我仍然是一个公益领域的外行。2015 年初，我来到云南省勐腊县开始了我的公益助贫之旅。这几年我也因此成了公益“名人”。很多人都问我，为什么会选择这么边远的山区搞公益，这其中有很多个人的因素，每个人讲自己的事情都很难讲清真实的原因，我起初也并没有想着做公益，只是想着能不能在河边村做一个扶贫实验。做实验，肯定离不开人和资金。这样一个艰苦边远的地方，我很难号召我的同事和学生来和我一起参与其中。我在县城的小广场里徘徊，想到了公益，觉得只有建立一个公益组织，招聘几个人，然后申请一点经费，这件事才有可能落实。想到这里，我立刻回到酒店打开电脑，给徐永光先生写了一封很短的邮件，大意是，“永光先生，多年不见。我现在在云南省一个边远的山区，想在当地注册一个公益组织，扎下根来，搞一个公益扶贫实验，需要您的支持”。徐永光先生是我非常敬重的公益思想家和公益行动者，我的的确确十多年没有和他联系了。当时也不知道这封信他能否收到。当晚我打开电脑，就收到了徐永光先生的回信，他讲，“小云好啊，你做这样的事情，成功了是英雄，失败了也是英雄。我让敦和基金会的刘洲鸿秘书长和你联系”。很快，我就收到了刘洲鸿的来信。他说，“小云老师的公益项目我们一定支持，您做个预算，需要多少钱”。整个晚上，我都处在一种得到支持的兴奋状态。

我来到勐腊县的时候，没有通过任何一个人介绍，我也不认识任何一位当地领导，便自己找到了县里的民政局，局里有一个民间组织管理中心，我向他们咨询了如何在当地注册公益组织。当地除了有很多注册的商会以外，还从来没有见过外来教授要注册扶贫公益组织的事例，他们给了我很多表格，我看着表格，却几乎无法填写。后来我跟他们讲，我要注册一个民非（民办非企业组织），而不是商会，但他们没有注册民非的经验。我通过昆明和北京的朋友，咨询了民非的注册流程，但是回到县里，他们表示无法办理。不得已，我找到了在民政部工作的学生，通过他给云南省民政厅打招呼。我又专程到西双版纳州民政局拜访相关负责人，希望他们能够提供支持。北京和昆明的朋友都问我，为什么不把公益组织注册在北京和昆明，在北京和昆明注册很方便。我说，我希望把公益组织注册在县城，是因为越是没有公益组织的地方，越是需要公益组织。如果注册在北京和昆明，在那里招聘工作人员，之后下县城工作，这样的成本太高，而且我们的公益资源都集中在城市，但真正需要公益服务的是基层，刚好我也可以做一个公益资源下沉到基层的实验。就这样，我在勐腊县注册了小云助贫中心，在当地招聘了三位工作人员。

张萍女士在勐腊县出生并接受教育，是走出这个山区的优秀年轻人。她在贵州民族学院读完本科，在中央民族大学读完硕士，之后回到了西双版纳。她当时在景洪城投勐腊的项目点上工作，中央民族大学的老师把她介绍给我，她成了小云助贫的项目负责人。张萍在小云助贫整整工作了四年，现在是中华慈善总会的工作人员。当时和刘洲鸿讨论敦和基金会资助小云助贫时，我的设想是只需要机构支持，不需要项目支持。我当时的想法是中国不同于非洲和其他地区的发展中国家，中国政府掌握着巨大的发展资源，公益组织重复进行资源的投入，实际上是没有意义的。公益组织如何能够成为提供发展方案的引领者，通过公益的示范，撬动政府的资源，应该是有效公益的实践路径。

今天看来，整个小云助贫中心只雇用了三位固定的工作人员，我的同事董强实际上一直在跟着我做。我们借助大量的志愿者资源提供了巨大的智力支持，许多公益组织为小云助贫提供了小型的示范资助。在这种示范作用下，撬动了巨大的社会和政府资源，实现了公益与社会和政府的有机互动。在敦和基金会的支持中，包含了一部分小额度的示范资金，我用这样的示范资金购置了相关工具，雇用当地的技术人员，建设了“瑶族妈妈的客房”示范项目，修建了村内的示范设施。在小云助贫项目启动初期，友成企业家扶贫基金会的王平女士专程到勐腊县河边村考察，为小云助贫提供了村级规划的资助。我在很多地方讲过，河边村的公益扶贫实验，从某种意义上说，是中国公益界集体智慧的结晶。

有些朋友听我这样说，觉得我是在说客套话，实际上，我在河边村的公益扶贫实验，无论是总体设计，还是小云助贫机构的管理以及筹资等，都不仅仅是我个人创造的成果，更多的是我通过与公益界的朋友们交流学习，获得的经验。说河边村的公益扶贫是中国公益界的集体智慧结晶，并不过分。公益界给予了河边村公益扶贫实践很多的荣誉，这几年几乎所有的公益大奖都有河边村的身影，我真诚地讲，这一实验的背后，离不开以徐永光先生为代表的一大批公益界朋友的支持。南都基金会、中国扶贫基金会、中国妇女发展基金会、招商局基金会等，都是站在小云助贫这个只有三位固定工作人员的小组织背后的支持者。

我就是这样，在不知不觉中成为一名公益的实践者，逐渐开始学习如何筹资。2015 年的“99 公益日”，我发起了“瑶族妈妈的客房”项目，全国 4 000 多人为这个项目捐款，共筹集到 120 万资金，2016 年又筹集到了 80 多万资金。

2017 年，我在深圳为港澳台三地全国人大代表和全国政协委员做报告，介绍了正在开展的河边村公益扶贫实验。讲述之后，很多人表示愿意为我的工作提供支持。全国政协委员、香港“太平绅士”勋衔获得者杨志红女士专门来河边村考察公益扶贫工作，捐赠了河边幼儿园和河边会议厅。2020年，著名企业家王石先生到访河边村，听说我们的厨房项目还未完成，当即捐赠15间厨房。我的好朋友李铁来访之后，决定为当地村民改造一套高端的客房。他认为，这个村庄最大的价值是热带雨林，如果把客房的标准提升，这样雨林的价值就能够真正得以发挥。我的另外两位朋友，陈烨和王强也出资支持改造村民的客房。在类似这样的过程中，我对筹资、捐赠、资本和公益等问题有了切身的体验，也帮助我思考公益的发展问题及公益的出路。

我从只知道“公益”这个名词，到参与公益的项目和研究，到最后成为一个在基层和乡村从事公益的实践者，从某种意义上讲，我实现了人生的转变。就像我在一些地方讲的那样，我从一个教授，变成了一个学生。这当然不意味着我在这样的过程中没有能动性，我一直试图在一些关键问题上做一些干预，比如我经常提到现代化的问题。在乡村做扶贫、做公益，遇到的问题非常多，但想来想去核心是现代化的问题。在此过程中，我的确希望把现代化的要素带到这个传统的村庄，例如在河边村修建卫生间和厨房、打造家庭庭院，在村内修建各种各样的景观。

我跟村民讲得最多的故事就是我在欧洲见到的美丽乡村，很多时候农民对于集体出工建设这些项目的兴趣并不大，因为这不是他们最根本的需求，但我还是希望通过这些做法能够让他们逐渐搭上现代的“列车”。我的脑海里经常闪烁着贵州石门坎的那些故事，有些敏锐的学者对我做的工作有过质疑与批评，我对此是完全理解的，因为我是一个发展主义者，希望这样一个贫困的村落能够成为现代化的一部分，而不是被现代的“列车”远远地甩在后面，这一过程自然会有主观干预乡村的动机。

我在过去六年多的公益实践中，参与了大量有关公益话题的讨论，我也在媒体和自媒体上写过很多评论的随笔。这些都是我这几年对公益实践的思考，我对公益的认识处在变化之中，这些观点都是不同时期的思考，所以书中呈现的观点并非都很一致，有的甚至是相互矛盾和冲突的，但因为这都是我不同时期对公益的一些真实认识，所以我并没有对这些观点加以修正。

我之所以用“公益的元问题”这样一个书名，不是说我知道公益的元问题在哪里，而是说我们在做慈善公益实践的同时，需要从世界观、价值观等认识论层面来思考我们的实践行动，就像我们问为什么要有社会，为什么我们会爱一个人一样，我们往往习惯于从功利主义的角度来寻找一些答案，我们习惯把人看作一个理性人，习惯于从功利角度思考他的行为，这当然是处在一个理性主义主导的社会中的个体不可避免的因素，似乎没有好处大家都不会做一件事情，但是在很多情况下，人们的行动又不完全是受利益驱动的。比如说，把某人的裸捐完全看成是规避税收，似乎过于绝对，因为裸捐的财富损失完全超过了税金。也有人说，人的所获未必需要以获得和损失多少财富来衡量，拿钱买快乐，也算是一种社会交易。对此，我也无意否定其合理性。但是，这样一个功利主义的逻辑，还是可能忽视了人类社会本身固有的超越功利主义的精神世界和社会世界，我正是希望从这个维度提出公益的元问题是什么这一不成熟的命题，与大家共同讨论。

在此，我特别感谢徐永光先生为这一随笔作序，感谢宋厚亮先生鼓励我把这些随笔整理成这本书，感谢我的学生林晓莉、季岚岚、杨程雪和郑添禄等，帮助我整理编辑这本书。最后，我特别感谢中信出版社的领导和编辑所提供的支持。

第一章　为何公益？

当我们提出为什么要做公益时，会得到不同的答案。有人说，我觉得穷人的生活太艰苦，我有义务帮助他们。我们发现，在很多情况下，当遇到一个因为没有钱而无法就医或因为没有钱而无法上学的情况时，多数人都会慷慨激昂、正气凛然，这说明大多数人都有一个“内生化”的爱心，因为在面对那些生活艰辛群体的时候，当我们的生活状况远远优于他们，这种爱心释放不需要太多的游说和说服。这种爱心释放显示了我们人类社会在面对不平等方面具有的一种内在机制，这也可能常常被很多学者作为“人之初，性本善”观点的依据。慈善与公益是在人类社会演化过程中形成的克服社会不平等的一个自发、内在的矫正机制。从孔子到亚里士多德，中外几乎所有圣贤在这个问题上的观点都高度一致。慈善公益的基本思想与基本实践，是跨越文化、宗教和国家普遍性的社会实践。我认为，无论是传统的慈善还是现代的公益，都是基于社会的不平等而逐渐形成的。

与此同时，慈善与公益又是一个不完全自发的社会行为，也就是说，尽管人类都心存爱心，但这并不必然会让我们伸出援助之手。慈善与公益需要呈现它们存在的价值，社会大众需要真正能够受益于慈善公益的活动。我们不能仅仅把慈善和公益看作是一种道德义务，要求社会成员去履行，在现代社会我们仍然需要激励。当更多的人能够受益于公益，这个社会就有可能成为一个公益社会。慈善和公益起源于我们对不平等问题的关切，因此，从某种意义上讲，公益的元问题在于我们能不能通过公益来缓解这种不平等。社会发展中出现的问题，恰恰是社会不平等产生的根源，这在现代社会尤为突出。公益的问题不仅仅局限在公益自身，还涉及国家与社会的关系，公益是一个夹在国家与社会之间的特殊部门。这就需要公益能够游刃有余地穿行于国家与社会之间。这是公益，尤其是中国公益面临的最核心问题。

慈善为何让人感到幸福

慈善最根本的社会根源是人类怜悯和同情的天性，除去那些功能主义视角的解释外，对于有能力的人来说，施善行为的确会让人愉快。说起来也很不解，很多人平时省吃俭用，但都很愉快地进行各种捐赠。我前几年发起了“瑶族妈妈的客房”“瑶族妈妈的厨房”“瑶族妈妈的卫生间”等项目，我的家人、身边的同事和学生都变成了公益人，他们不仅为我的项目制作捐赠广告，同时也捐出省吃俭用的零花钱。我对学生说，你们都没有钱，可以不捐，但是很多学生还是捐出 50 元、100 元、200 元。他们说，如果我们捐的钱能够让村民修个很好的厨房、卫生间，那么我们感到很愉快。我不能说我的学生捐钱全都是为了愉快，他们显然也有来自我作为老师的一种道德压力，多少会有点“道德绑架”的含义。“瑶族妈妈的客房”在第一年的众筹中有四千多人捐款，大部分是我不认识的，第二年又有五千多人。有一次，我在地方调研时遇到一位当地的工作人员。他说："李老师，你不认识我，我连续3年给你的项目捐过三次钱，但是不好意思，我每次只捐100元。"我对他表示了感谢。他说："我特别关注河边村的建设，看到一栋栋新房子建起来，感到很有成就感，我跟周围人说，我也为这个项目捐过钱。"他的神情洋溢着愉快的获得感，让我印象深刻。我有一位年轻的同事叫季岚岚，她是温州人。我有很多温州的朋友，他们的细胞里仿佛天然有着市场经营的理念，个个都很精明。岚岚平时看起来也很精明，不像是那种大把乱花钱的人。她给河边村的小朋友设计了一套幼儿园服装，是十来个孩子的夏装。岚岚说，这就是她的捐赠，并不是谁要求她这样做的，但她觉得这样做会让她很愉快。

我们经常说，金钱买不到快乐。虽然我们不能确切地证明，慈善与幸福和健康之间有什么直接联系，但是一项针对美国人的调查显示，有40%的捐赠者认为，捐赠让自己感到非常幸福。慷慨大度的人之所以快乐和健康，并不总是与他们的收入水平和受教育程度相关，而是与他们的慷慨大度有某种关系。

有一次，我和几位年轻同事一起去拜访我的两位朋友——李铁和王强。他俩原来是医生，后来下海经商，现在他们自己搞了一个军医博物馆，用自己闲置的住宅把在军医大学用过的所有物品都陈列出来。他们在讲述自己生活和工作的过程中，让我们都感觉到他俩生活得十分愉快，这也感染了我，让我看到生活的意义。这两位朋友就是慷慨大度的人。王强在河边村跟我说："小云大哥，我以后就跟着你搞公益了，原来觉得挣钱没意思，现在我有了新动力。"他一路就盯着我问，能干些什么公益。后来，我们商量，由他来负责搞一个军医贫困乡村幼师支持计划，他还要在村里建一个瑶族文化博物馆。有一次我跟李铁说，小云助贫的那辆车出了车祸，坏了，需要一点钱换一辆汽车。

李铁说，直接买一辆新的。我表示只需要10万元即可。他说，没关系，多了也没关系。我说，做公益不能只靠一个人，要靠大家一起来做。他第二天就把钱转到了小云助贫的账上。我的同事和他们俩聊天，总会从头乐到尾。两位慷慨大方的朋友自己的愉悦感和他带给周围人的愉悦感，可能并不主要来自他们有多少财富。他们的慷慨大度让他们觉得心里释然，又感染了周围的人，也带动了周围人的情怀。我一直讲“人人公益”“轻公益”，就是这个意思。一个社会有那么多的问题，如果每一个人都是解决问题的支持者，这个社会自然是一个倾向于健康的社会。

慈善与个人的幸福健康之间的关系好像很难用科学的方法加以证明，但是许多心理学家还是用实验的方法证明了捐赠行为的确会使人们更健康、更幸福。哈佛大学一项著名的研究把132名患者分为两组，让一组患者对另一组患者进行慈善帮助，随后研究人员发现施助的这组人出现了惊人的心理变化，自尊心和自信心改善了3～7倍。所以哈佛大学的研究人员甚至建议应该把慈善公益纳入疾病康复治疗中。马萨诸塞大学医学院的研究发现，志愿行为能够让心理健康得到很大改善，而且为他人提供帮助的人比接受他人帮助的人受益更明显。很多心理学研究发现，志愿者做了志愿工作以后，他们都感到压力得到缓解，体重得到控制，而且很多消化不良、哮喘和关节炎等症状都得到了缓解。一个人越是多做志愿服务，就越会多受益。

慈善公益与幸福健康之间的关系听起来像是我这样的公益布道者在“绑架”他人，但是一个人的健康幸福和他的收入与慈善公益行为的的确确是一个个体自我完善的循环机制。我在很多地方都讲过，慈善公益是消解不平等和资本主义负面性的隐形的社会机制。在一个社会中，财富的生产与再生产是这个社会生产系统中的一部分，在此过程中会产生副产品，因此需要有一个机制来消化这个副产品。慈善公益就是一个消化这种副产品的社会机制。社会是由人组成的，社会本身具有自我完善的机制。我的这个看法可能会被打上涂尔干主义的标签。一个人是不是感到幸福快乐，的确也有一个自我完善的循环机制。金钱和财富不会让我们幸福，这几乎是所有富人的话语表达，穷人当然不会说金钱不重要。对富人来说，慷慨大度恰恰是由于富裕而发育出的美德，富裕又慷慨大度的人应该是个愉快的人。慷慨大度会让人愉快，这其实是一个经验证据。一个社会总会有很多规训社会成员的价值话语，社会希望通过这样的价值实践让每个人都感到幸福。所以不论是传统社会还是现代社会，不论是基于个体主义的欧洲社会还是基于集体主义的其他类型社会，一个人的吝啬，轻一点说会被当作笑话，重一点讲会说他德行有亏。

我有一个认识三十多年的德国朋友叫艾迪特，现在也总是跟着我在村子里转，他对村里的各种事情总是给予慷慨的支持。他生活得非常简朴，但是帮助村民一向都慷慨大度。我的学生说，艾迪特每天好愉快，他都78岁了，看起来非常健康。一个人身心的愉快和健康绝不单单只是慷慨大度的原因，说慷慨大度就一定能够健康愉快也未免过于简单，但是仔细想想，可能还真得承认它们之间的关系。王石先生在河边村的时候，我请他和其他朋友一起在我的住处吃早餐。王石先生是一个慷慨大度的人，很多朋友说他很讲义气。他在早餐期间与很多同事共享了人生健康等很多他个人的实践和思想，让我们受益匪浅。我自己信奉慷慨大度的人生哲学，我自己也觉得当我帮助他人的时候，有一种愉悦感油然而生，觉得生活的意义和个人的价值得到了实现。把财富贡献给社会是现代资本主义发展以后很多成功人士的不二选择。有很多对富人捐赠动机的研究，但是我们不能忽视一个非常唯心的概念，就是人的幸福感。

自私的巨人

在讲英语的国家里，孩子们大多都知道一个寓言故事——《自私的巨人》。在这个故事里，每天下午孩子们放学回来后总喜欢去巨人的花园玩。巨人的花园非常大，到处盛开着鲜花，花园里有12棵桃树，春天桃花开的时候特别美丽，到了秋天，花园里的果树都硕果累累。巨人并不在花园里住，有一天，巨人回来看到花园里正在玩耍的孩子们，就冲着孩子们喊，“你们在这里干什么？这花园是我自己的，除了我以外不允许任何人来这里玩！”于是他在花园四周建起高墙，并竖起一块告示牌，上面写着“越界者将会受到严惩”。春天又到了，孩子们放学后只能在高高的围墙外徘徊，回忆他们曾经在花园里的美好时光。不过巨人很快发现，四周到处都是春天，只有他的花园里依然是冬天。鸟儿不愿意去那里唱歌，因为那里没有孩子们的踪迹，树木也没有开花。巨人不明白为什么春天迟迟不来，他坐在窗边，看着寒冷苍白的花园，但是春天始终没有来，夏天也没有来，秋天给每座花园都送去了金色的果实，却没有给巨人的花园送去任何东西。秋天说，因为他太自私了，所以巨人的花园里总是严冬，北风、冰雹、霜冻，还有雪花在树间飞舞。

我不知道欧美大众性的公益实践是不是与孩子们从小接受的这些教育有关。实际上，任何社会都几乎将所谓的自私负面化，将慷慨作为一种美德。我在坦桑尼亚工作的时候，一个村里的干部告诉我，我们一个项目户的女主人每天都在地里干活，她种了一英亩的玉米，因为采用了中国的技术，需要投入更多的劳动，她自己忙不过来。而她的丈夫却不帮她，他在外面打工，挣到钱就去喝酒。人们都说这个男人是一个不受人尊重的“自私鬼”。显然，在坦桑尼亚这样一个与欧美社会文化完全不同的乡村里，同样把自私看作是一种缺德的社会现象。中国的文化更是极为鄙视自私之人。《晋书·潘尼传》里说，“忧患之接，必生于自私，而兴于有欲”。很显然人类社会将慷慨大方作为社会的美德，将慷慨大方的人看作是有美德的人。

慷慨大方是慈善公益重要的社会基础。假如一个社会里所有的人从不肯对处于困难的人施以援手，慈善公益也就无从谈起。我在很多地方讲过，慈善公益的本质是对能力和财富的一种平衡。也就是说，虽然一个人的财富完全来源于他的能力，他的财富是他理所应得的，但从慈善公益的本质来讲，他仍然有义务与社会中其他处于困难的人员分享他所拥有的。这并非是一个强盗逻辑，这就是慈善公益的本质。事实上，很多人可能不认同这一观点。公益的原教旨主义者认为帮助他人不应该讲条件，富人捐赠是一种义务。我觉得签署了捐赠协议的巨富们应该是相信这一理念的。比尔·盖茨先生应该算是一个典型的慈善公益的原教旨主义者。他致富后将财富全部捐赠给公益，而且自己也完全投身到公益活动中。很多人反对这样的慈善公益，美国的一位巨富曾经讲过，他绝不会像比尔·盖茨那样捐赠，他认为，将自己的财富捐出来去解决社会问题也不会有任何结果。这 观点当然是极端的反对公益的思想，但的确有很多人并不反对公益，但却相信应该更多地通过市场的形式来解决社会问题，他们属于所谓的公益效率主义者。

慈善公益从传统上讲，看起来是一个愿不愿意帮助别人和愿不愿意捐一点钱的意愿问题；在现代意义上讲，则是一个愿不愿意和有没有能力解决一点社会问题的社会实践问题，其背后却涉及人类社会道德体系的形成机制。从人类生存的角度讲，自私是人的本质属性。管子认为：“凡人之情，得所欲则乐，逢所恶则忧。此贵贱之所同有也。近之不能勿欲，远之不能勿忘，人情皆然。”司马迁认为，自私是一种自然规律，他讲“故待农而食之，虞而出之，工而成之，商而通之。

此宁有政教发征期会哉？人各任其能，竭其力，以得所欲。故物贱之征贵，贵之征贱。各劝其业，乐其事，若水之趋下，日夜无休时，不召而自来，不求而民出之。岂非道之所符，而自然之验邪？”费尔巴哈对“人的本质是自私的”作了清楚的说明：“道德的基础是利己主义（是对生命的爱、利己、利己主义）。善不是别的，而是符合一切人的利己主义的东西。”既然自私是人的本性，那么我们为什么会负面化人的自利行为呢？

我最近在读塞德希尔·穆来纳森的《稀缺》一书，对于我们社会中的很多行为有了一些更深入的理解。自私是我们人类社会普遍存在的本性，因此自私就不具备稀缺性。从形而上学的角度说，不稀缺的行为自然就不具备潜在的珍贵性。从社会实践的角度讲，自私首先最大程度满足了个体的利益，在优先保证个体利益这点上，自私实际上是道德的，因此不能从存在即合理的角度来理解自私的道德性，而要从社会功能的角度来理解自私的道德性。西方有一本书叫《自私的美德》，讲的就是这个意思。但同时自私尤其是极端的自私，又不利于人类群体的生存与发展。举个例子，如果某些人正处于饥饿中，危及性命，富裕的人却袖手旁观，这种情况虽然不会危及富裕人群的生存，但处于困难状态群体的问题会导致人类社会在总体福祉上的损失，这就是人类社会所谓的“公共性”。我不同意慷慨是人类的本质属性，但是慷慨显然是人类社会必须具备的社会属性。因为当人类社会出现这种公共性的时候，就一定需要人本身具备回应这样一种公共性的行为，这就是慷慨。孩子们读了《自私的巨人》以后，就会慢慢觉得自私不是一种美德，这就是社会化属性的形成过程。在一个社会中，要让不属于本质的行为变成一种自发的行为，需要将这样一种行为道德化和崇高化并形成相应的激励，否则很难成为人的日常实践。妈妈会表扬大一点的孩子把自己喜欢的礼物让给弟弟妹妹，而且在很多情况下也会为慷慨的孩子提供更多的物质激励，这都是我们在日常生活中常见的建构道德的社会化过程。

《自私的巨人》看起来就是孩子们在一个私人花园玩耍的故事，但它恰恰是一个将慷慨大方美德化的建构过程。让一种概念成为价值，必须要进入人的感受和需求的体系之中，要触动人的灵魂和灵性。春天的鲜花和秋天的硕果累累都是孩子们理想的世界，这些自然景观会触动孩子的灵魂和灵性。当他们被告知自私会让四季不复存在时，就会在他们的心里形成自私并非美德的深刻印象，这就产生了慷慨大方是一种美德的价值取向。慈善公益并非人类的本质性实践，而是人类的社会性实践。我曾经讲过，慈善公益是人类社会一种隐形的社会契约，说的也是同样的意思。慈善公益是人类克服自私所产生的“公共性危机”的应对性实践，从这个角度讲，慈善公益的原教旨主义的主张更能从本质上说明什么是慈善和公益。我也说过，慈善和公益的本质是“捐赠”问题。我同样也说过，现代公益的核心是有效地解决社会问题。这些说法归根结底都离不开人类社会的基本道德。从本质主义的角度讲，慈善公益的核心是人类基本道德体系的实践问题。我们不应该将慈善和公益仅仅看作是几个人捐了多少钱，而要看到人类不断出现的不平等带给我们的伤害。很显然，国家作为一个超越社区和个体的政治形态同样肩负着解决不平等问题的重任，但仅有国家是不够的，社会必须要有一个自发性的应对不平等问题的机制，这一机制毫无疑问就是慈善和公益。

虽然慷慨大方随处可见，但实际上每一次慷慨大方都是一个有条件的呈现。同样，基于慷慨大方的慈善和公益也是有条件的。将慈善和公益绝对化和纯粹化显然不符合人类社会的实际，这是我们常常在自私和慷慨之间感到纠结的重要原因，同样也是我们倡导慈善公益的原因所在。

慈善公益始于家庭

我在本章的其他部分多次提到慈善公益与财富的关系，我甚至认为“捐赠是慈善公益的灵魂”，这样讲似乎把慈善公益与财富联系在了一起，这显然是慈善公益的一个方面，也可能只是慈善公益元问题的一个侧面。因为当财富的占有和分配出现差异的时候，慈善公益毫无疑问会与捐赠相联系。但是除了我们认为财富的占有和分配不应该差异太大这样一个观点之外，我们并没有真正回答为什么一定要捐赠。从这个方面讲，捐赠可能还没有完全涉及慈善公益的元问题。美国雪城大学马克斯维尔公共事务学院教授亚瑟·布鲁克斯（Arthur C. Brooks）在他《谁会真正关心慈善》一书中提到，“慈善不只是收入或财富的一种副产品，从根本上讲，它完全不是一个金融现象，而是一种独特的超凡的人类美德，它所依托的是人类的爱，也是自然的家庭价值观”。他的观点也让我想到了慈善公益学家康晓光先生讲的善与慈善公益的关系，在康晓光看来，这可能是慈善公益最根本的元问题。他从这个立题出发与徐永光“公益向善”的论点展开了辩论，似乎形成了一个公益左右的二元伦理范式之争。但事实上，我不认为二者在慈善公益的原则问题上存在根本分歧。康晓光同样强调公益的效益问题，他从未否定这一点，我也未发现他公开反对公益的社会创新，同样从徐永光对中国传统慈善的推崇，以及一贯倡导“企业向善”的论述中，也未见到他对慈善公益作为一种人类美德的否定。

布鲁克斯发现家庭生活与慈善有着千丝万缕的联系，最简单的，身为父母的人比那些没有孩子的人更慷慨，这当然也有很多的例外，为什么家庭的存在普遍有助于行善呢？布鲁克斯认为家庭养育子女的过程激发了捐赠的热情，他发现一个四口之家与只有两个人的家庭相比，他们更愿意捐赠和做义工。布鲁克斯疑惑，抚养孩子既昂贵又耗费时间，所以孩子多的父母要花费更多的时间和金钱来抚养孩子，又怎么会愿意捐赠和做义工呢？罗马剧作家安德里亚·特伦斯（Andria Terence）认为“慈善始于家庭”，中国古人讲“积善之家，必有余庆”，这些名言在某种程度上暗示了人类社会为什么会有慈善公益这样的行为。经济学家总是希望从理性和功利的角度解释社会现象，他们发现全身心地去抚养孩子是花费巨大的个人付出，几乎每个父母都知道，这种付出基本会得到令人满意的回报。按照经济学家的观点来看，恐怕世界上任何形式的慈善之举都不可能超越父母对孩子无条件的关爱。这也意味着，既然比任何形式的慈善之举投入都大的行为都可以获得令人满意的回报的话，那么我们为什么要拒绝去做一点比养育孩子轻松得多的慈善公益？中国人讲的“积善之家，必有余庆”显然过于功利，但是这些看似功利的说辞实际上蕴含了人类社会自身存在与发展的基本逻辑，也就是中国人常说的“善有善报，恶有恶报”。行善与远离善举在这个方面构成了我们所说的慈善公益的元问题。

慈善公益之所以存在，有许许多多的原因，不同的人会有不同的解释，但没有一种观点能够真正涵盖慈善公益的原发性机制。我在从事公益的过程中，遇到最大的困惑就是“为什么要做公益”，所以我总是力图能从这一社会实践的深处来思考这一问题。布鲁克斯的“慈善始于家庭”的观点启发我思考慈善公益究竟源于何处。在传统的社会里，人们相互帮助，共同面对生存的挑战，这一过程或多或少都有慈善的含义，但是以此来佐证人类利他行为的本质，显然不太充分，这在康晓光和徐永光的争论中也有所体现。“慈善始于家庭”呈现了一种先有利己，然后再有利他的社会逻辑。投入更大的资源和爱心来抚养子女，从生物学上讲是自利的行为，这样一个自利的行为又展示了利他性的回报，从而促进了利他行为的发育。以教育背景来讲，我算是一个生物学家，不论在讲到性别问题还是社会问题时，往往喜欢用生物决定论的观点来看待社会，抚养子女从某种意义上讲是一种生物学的行为，人类在这一过程中获得的不同经验会逐步扩展成社会实践。我们能不能说关怀子女这样一种“私益”就影响了慈善公益的形成？

仁者爱人，推己及人

叶正猛先生是新湖慈善基金会的秘书长，是我这几年从事公益活动的好朋友，他之前是浙江新湖集团的总经理，算是一名企业家。正猛还曾经是浙江最年轻的县委书记之一，由从政转为经商，现在又开始做慈善，其经历令我仰慕。他也是温州人，有温州人的商情，也有温州人的慈善之情。后来我发现他之前是学中文的，他三十多年前写了一篇文章，我经他同意也收录到我的这本杂文集里，以下内容是他的文章。

杜甫是我们中国一位伟大的诗人，他的现实主义诗作“不仅广泛地反映了人民的痛苦生活，而且大胆深刻地表达了人民的思想感情和要求”①。《茅屋为秋风所破歌》（以下简称《茅屋》）是他著名的代表作之一。诗人以高超的叙事艺术，真切地描写了自己晚年寄寓他乡穷愁潦倒的悲惨生活，并推己及人，联想到社会上众多受苦的人，提出了闪烁着人道主义光辉的宏愿：“安得广厦千万间，大庇天下寒士俱欢颜，风雨不动安如山。呜呼！何时眼前突兀见此屋，吾庐独破受冻死亦足！”

南宋诗人郑思肖曾画过一幅《杜子美“茅屋为秋风所破歌”图》

① 游国恩等，《中国文学史》第二册。

并题了一首诗："雨卷风掀地欲沉，浣花溪路似难寻。数间茅屋苦饶舌，说杀少陵忧国心。"昭示了杜甫诗中深刻的主题思想。郑思肖是一位爱国主义诗人，怀有"与大众同生死，同粥饭，同行住坐卧"，"我安，大众未安，我绝不敢独安"（《十方禅刹僧堂记》）的理想，他从忧国忧民的高度理解《茅屋》中的思想意义，的确十分肯綮。虽然后世对《茅屋》诗中"寒士"的所指有争议，但大多数论者对诗中表现诗人高度的思想境界，艺术地体现中华民族舍己为人的美德是十分肯定和赞赏的。

傅庚生在《杜诗散绎》前言中说："诗人杜甫不只在诗歌的创作上给我们留下了丰盛的遗产，更重要底（的）是诗歌的教育意义和鼓舞的力量。"《茅屋》这首诗的"教育意义和鼓舞的力量"，就是诗中表现的中华民族高尚的道德情操。令人可喜的是，这种民族美德在古典文学作品中的表现，绝非《茅屋》所仅有，在《茅屋》诗的前前后后，我们发现有不少影响杜甫和受杜甫影响的作品，在思想上、创作上十分明显地形成了一条迭相承继、发扬创新的红线，丰富而形象地体现了作为中华民族美德精粹的推己及人、舍己为人的精神。

记述春秋时齐国贤相晏婴言行的《晏子春秋》卷一载："景公之时，雨雪三日而天不霁。公被狐白之裘，坐堂侧陛。晏子入见，立有间，公曰：'怪哉！雨雪三日而天不寒。'晏子对曰：'天不寒乎？'公笑。晏子曰：'婴闻古之贤君，饱而知人之饥，温而知人之寒，逸而知人之劳。'"

这是晏子借进谏之机表达了古代仁人志士"民吾同胞，物吾与也"（张载）的大同怀抱，为封建社会提供了一个高贵品质的标准，可视为《茅屋》特别是后来白居易《新制布裘》诗的一条很好的注脚。数百年后，处于社会动乱，生灵涂炭建安时代的诗人曹植在他的《赠丁仪》诗中，有感于"黍稷委畴陇，农夫安所获"，天灾人祸使庄稼萎死田里，人民一无所获的情景，借用《晏子春秋》的故事，对统治阶级进行辛辣的嘲笑："在贵多忘贱，为恩谁能博？狐白足御冬，焉念无衣客?"——自己处在受统治者排挤的危险境地，却以深沉的慨叹表达了对广大劳苦人民的惦念、关注，同时也表达了自己对晏子这样贤达之士的恳切思慕。

过去评论杜甫《茅屋》，只强调它对后人（白居易）的影响，其实杜甫的精神一方面是他在那个特定的"变开元为天宝"时代里的遭遇给他塑造的；另一方面也是古代精神遗产的继承。对照这三篇作品，不难发现，杜甫《茅屋》中的这几句诗正是晏子的名言在自己特殊情境下的形象体现，也是曹植在诗篇中救世济人理想的正面抒发。杜甫是"温而知人之寒"，其精神更为可贵。

《瓯北诗话》指出，杜甫诗中的有些内容"此古人皆久已说过，而一入少陵手，便惊心动魄，似从古未经人道者"，《茅屋》正是这样，它所表现的可贵精神，虽古人也已说过，但只有在杜甫的诗中才"惊心动魄"，历久弥新。

杜甫的可贵，在于他秉持这种舍己为人精神的一贯性，无论在什么境遇下，都能把个人的生活融合在广大人民群众的苦乐之中。在他的诗中，我们还能找出不少与此交相辉映的作品。在危机四伏的安史之乱前夕，杜甫写下了《自京赴奉先县咏怀五百字》的杰作，"从个人的悲惨遭遇推及广大人民的痛苦，表达了对于国家前途的深刻的忧虑"(文研所《唐诗选》)。他在"入门闻号咷，幼子饥已卒"的惨状下，却克制自己，摒除一己之私，念着更多人的不幸："生常免租税，名不隶征伐。抚迹犹酸辛，平人固骚屑。默思失业徒，因念远戍卒。忧端齐终南，澒洞不可掇"。表达作者自己按例享受免租免役的特权，犹遭遇意外，对比之下，平民百姓的纷扰不安更不待言了，因而那颗沉重的心就被那些没有产业、田地的流离失所的人，和远离家乡、镇守边塞的战士所牵挂，忧思就像终南山一样压在心头。杜甫就这样在失子的巨恸之下，还不忘祷祝广大人民摆脱苦难，可见杜甫的视野早已超出了统治阶级的藩篱。他在《茅屋》诗中,“虽然说的是‘寒士’，但其实也包括贫穷的庶民，这也是他的己溺己饥的稷契思想的体现”（刘开扬《杜甫》），是可信的。

特别值得一提的是，与《茅屋为秋风所破歌》同时同地作的《楠树为风雨所拔叹》（以下简称《楠树》），是和《茅屋》表现了同一精神的姊妹篇。写“东南飘风动地至，江翻石走流云气”，特大的风雨，掀拔了草堂茅屋前的古老楠树，致使“草堂自此无颜色”，诗人十分惋惜。但他不止于自叹，而是借以寄寓深广的社会意义，作者追思了楠树对大众的好处：“野客频留惧雪霜，行人不过听竽籁。”眼下楠树既倒，那些在树下憩息的农夫及过路行人，与自己一样要遭霜雪之苦，再也不能在树下听树叶翻动像竽籁一样悦耳的声音以解除疲劳了，因而痛如切肤，仰天呐喊，表现出的可贵思想感情，与《茅屋》相互映照。如果说《茅屋》通过叙事，表达理想，《楠树》则借以纪实，生发情思。前者“从破后穷极其苦而矫之（矫之，指末五句，翻出奇情，作矫尾厉角之势）”，后者“从拔后追美其功而惜之”，“不可轩轾”（《读杜心解》卷二）。《楠树》这一篇在艺术上特别在思想意义上是同《茅屋》相互比美的力作，为我们提供了《茅屋》所表达的思想意义之不可否定的一个佐证。

无论在安史之乱前还是后，杜甫都能为天下穷人呼天抢地，寄以极深广的同情，而把自己的艰难困苦置之度外，这是杜甫的伟大之处。杜甫以自己独特的境遇、独特的襟怀，继承了推己及人、人而忘己的传统美德，并把它推到更高的艺术境界，给后人留下很大的影响。

最早受到杜甫精神启发的是白居易。他所处的中唐社会，经济已遭到严重破坏，国力也十分虚弱。白居易在几十年的从政特别是前期京师供职中，“忘身命，沥肝胆”，履行他的“兼济之志”。元和初年，他新制了一件棉衣，为此特地写了首《新制布裘》，诗的开头赞赏布裘："桂布白似雪，吴绵软于云……谁知严冬月，支体暖如春。"得意之状，溢于言表。但时到中夜，诗人有所思虑，起身抚裘徘徊，想到"丈夫贵兼济，岂独善一身"。在诗的最后绎化杜甫《茅屋》中的诗句，表达了自己兼济的理想："安得万里裘，盖裹周四垠。稳暖皆如我，天下无寒人。"

与这首诗相仿的，还有一首《新制绫袄成感而有咏》，更深刻地剖示了身穿"绫软绵匀温复轻"的"水波文袄"所激起的内心矛盾："百姓多寒无可救，一身独暖亦何情！心中为念农桑苦，耳里如闻饥冻声。"最后诗人展开了这样的想象："争得大裘长万丈，与君都盖洛阳城！"

白居易曾呼喊过，"地不知寒人要暖，少夺人衣作地衣"（《红线毯》）。这时，他为了同样的目的，一展想象的翅膀，盼望有一件使天下百姓都得和暖的"地衣"，真是"狐白足御冬，焉念无衣客"。"居庙堂之高而忧其民"，与杜甫的用心相似，"盖亦有志衣被天下者"（《九家注》本引赵次公语）。如果说杜甫是"宁苦身以利人"，那么白居易是"推身利以利人"（黄彻《碧溪诗话》）。身份境遇不同，理想不谋而合，同样可贵。前者直接影响后者，更有"吾道夫先路"之功。

中国文学史上，宋代是词的"百花园"，北宋文学家苏轼把杜甫《茅屋》等表现出爱人忘己的优秀品德引入了词的领域。他的《浣溪沙》上阕写道："万顷风涛不记苏，雪晴江上麦千车。但令人饱我愁无。"给劳苦人民带来温饱，使"忧者以喜，病者以愈"。作词的时候，诗人正谪居黄州，内心饱藏激愤不平，但可贵的是他把个人的命运置于人民的苦乐之下，把众人的温饱作为自己最大的愿望、最大的喜悦。与杜甫在风雨破屋的无眠长夜中吟咏开阔胸襟一样难能可贵。刘熙载《艺概》中说，"东坡词颇似老杜诗，以其无意不可入，无事不可言也"。苏轼"以诗为词"，在"剪红刻翠"的文学体裁中，把诗圣杜甫的高贵精神发扬光大，这是他的高明之处。

杜甫、白居易、苏轼这三位文学家，分别从人民生活的基本方面——住、衣、食着想，推己及人，表达了对民生的亲切关怀，也反映出诗人高尚的道德品格。联系起来读，我们的领会就更全面、更深刻。

现实主义的精神，到了浪漫主义诗人的手里，展现的是意味迥殊的雄奇世界。北宋王令是一位眼观人间、想落天外的有理想有才华的青年诗人，他留下来的诗作，大都表露了对当时社会的不满和自己拯世救民的宏大抱负。以杜甫《茅屋》为代表所表现出的不为己利、心忧天下的精神，在他的诗篇里留下了深刻印记。他描写暑旱炎热的诗——《暑旱苦热》《暑热思风》，以豪放的语言、奇异的夸张，渲染了“人固已惧江海竭，天岂不惜河汉干”的狂热世界。诗人在炎热逼人的煎熬下，首先期望把清凉带给整个人间，前一首说“昆仑之高有积雪，蓬莱之远常遗寒。不能手提天下往，何忍身去游其间?”后一首说“坐将赤热忧天下，安得清风借我曹”。炎热中想象清凉世界，犹如“长夜沾湿何由彻”苦境里盼望出现的“广厦千万间”，诗人自恨不能“提”在手里给“天下”，使人民脱离火坑，也就不愿一个人独享清福，而思念着把清风借来吹拂“赤热天下”。

与王令同时期的诗人韩琦也有一首《苦热》诗，表现了相似的内容：“尝闻昆阆间，别有神仙宇……吾欲飞而往，于义不独处。安得世上人，同日生毛羽。”浪漫主义的作品，把理想作为直接描写的对象。作者为了直抒胸臆，表达自己强烈的主观感情，总是塑造现实中不存在或罕见的形象，通过幻想、夸张等手法来完成。王令、韩琦的这几首气魄雄伟、气象阔大的诗正是这样。尽管同《茅屋》等诗理想的表达方法不同，其“安得”的具体内容也不一样，但它们的精神实质是一样的，表现了作者同样的道德情操。

杜甫受前人影响，通过苦难生活体验产生的理想和高尚道德，在后来民族矛盾尖锐的时代里，更是发扬光大。因为这样的时代，忧国忧民的思虑在许多爱国者的心中同时交织着，他们面对残缺的河山往往寄予苦难人民以不同程度的关心和同情。宋末爱国诗人林景熙作过一首《陈子植草庐成求予赋》，抒写离乱之情，亡国之痛："我哀丧乱余，人烟半凋残。风凄狐兔警，露重星斗寒。丈夫坐一室，此念弛九寰。"所以草堂人，安得千万间驰念民生的凋敝、民族的苦难，表达了对杜甫精神的向往追慕。

更值得一读的是两宋之交的李纲和明朝于谦的两首咏物诗，作者都表达了以自己的牺牲换取人民幸福的可贵的献身精神。李纲的《病牛》："耕犁千亩实千箱，力尽筋疲谁复伤？但得众生皆得饱，不辞羸病卧残阳。"李纲是抗金的民族英雄，南宋王朝建立初期曾任宰相，为了抵御外侮，他努力革新弊政，却落得了降职流放的结局，但他恪守信念，认为只要对人民有利，即使遭受打击，风烛残年，也要拼搏到底。诗中塑造的因耕田受伤的病牛形象，正是作者身世的寄慨、人格的化身、精神的写照。

于谦写过一首著名的《咏煤炭》："凿开混沌得乌金，藏蓄阳和意最深。爝火燃回春浩浩，洪炉照破夜沉沉。鼎彝元赖生成力，铁石犹存死后心。但愿苍生俱饱暖，不辞辛苦出山林。"于谦生活在明朝受北方蒙古骚扰的多事之秋。1449 年前后，在战争屡败、皇帝被俘的许多危险关头，他身系朝野安危，爱国忘身，力挽残局，誓保金瓯。"粉身碎骨全不怕，要留清白在人间。"这一句也出自于谦之手，最后他冤死于明英宗之手。这首《咏煤炭》，借物抒怀，展现了一位开明政治家的广阔胸怀，表达了他在险恶环境中，不惜以个人毕生的心血、年华，换得苍生温饱的决心。

这两首诗，从思想内容上说，作者表达的舍己为人精神，是对前人优秀道德传统的继承，同时吸取了历史对于自己时代的要求，有着发扬和创新的内容。如果说，杜甫、白居易、王令等人的诗都以“安得”语式，表现一种假想的希望，那么李纲、于谦则十分现实地直面受挫甚至牺牲，立下了“但为苍生”、在所不辞的誓言，把古代文学中表现的这一崇高道德又推向一个新的水准。从艺术上说，处于矛盾错综的险恶环境中，他们用咏物诗意微而显的方式、形神兼备的描写，表达自己的政治态度、思想感情，含蓄而有韵味。美国诗人爱默生说：“美的光辉……那就是从艺术作品所放射的人的性格的光辉。”《病牛》《咏煤炭》算得上是古代咏物诗中的优秀之作。

鲁迅先生说：“我们从古以来，就有埋头苦干的人，有拼命硬干的人，有为民请命的人，有舍身求法的人……虽是等于为帝王将相作家谱的所谓‘正史’，也往往掩不住他们的光耀，这就是中国的脊梁。”（《且介亭杂文·中国人失掉自信力了吗》）《茅屋》前前后后的作品，表现出极其宝贵的思想感情，以艺术美折射出作者人格美的光辉，千载之下，尚能摇人心旌。

这些封建士大夫的进步作家，处在以“轻视人类，使人不成其为人”为“唯一原则”的封建专制制度下（马克思《摘自〈德法年鉴〉的书信》），为什么能够表现出这样高尚的道德呢？恩格斯论述道德阶级性有一段名言：“社会直到现在还是在阶级对立中运动的，所以道德始终是阶级的道德；它或者为统治阶级的统治和利益辩护，或者当被压迫阶级变得足够强大时，代表被压迫者对这个统治的反抗和他们的未来利益。”诚如恩格斯所说，我国历史上，一方面，封建主义思想意识和道德规范，形成一个庞大而完整的体系；另一方面，代表被压迫者利益的优秀道德源远流长，成为民族伟大的凝聚力和向心力，使我们的祖国成为举世公认的文明古国。中华民族的优秀道德，特别是其精粹部分，是几千年的历史发展中，在千千万万劳动人民及受其影响的人们中形成的。《茅屋》前前后后的作家之所以能够接受并发扬劳动人民的优秀道德，一个重要的原因，就在于他们或者由于个人的穷愁潦倒，或者由于统治阶级的内部矛盾，或者由于处在阶级斗争、民族矛盾的尖锐时刻，都不同程度地走向人民、接近人民，如马克思所说："有识之士往往通过无形的纽带同人民的机体联系在一起"，从而体验了人民的生活，受到了人民不同方面的影响。

民间慈善仅仅是善吗？

我在其他的随笔中谈道，慈善是随着不平等的出现而逐渐形成的社会制度，是基于人的慈悲和初心产生的缓解不平等的一种社会制度，这一社会制度也是矫正人类贪婪自私行为的一种机制。这是从本质主义视角看待公益的元问题。虽然这一视角也有着功能主义的色彩，但是这一理解依然是狭义的。本质主义论者可能只会把慈善的这种功能看作是一种外部性，但是要把慈善真的看作是本质主义的东西，证明起来难度颇大。传统慈善除了从本质主义视角来看，其产生的功能主义的社会效应显然是相对单一的，从中国传统农耕社会的特点来看，慈善的社会功能远远大于仅仅是针对不平等这样一个广泛存在的社会现实。

理解中国的传统慈善脱离不了中国人传统的家和国的社会意识形态，以及由此而形成的一系列社会实践。中国乡村的社会生活围绕着家族、宗族、村落的秩序展开，这就是费孝通先生讲的乡土社会的差序格局。乡村社会的物质生产与再生产，都与差序格局为主要特点的乡村社会关系的生产与再生产相联系。差序格局的生产关系奠定了中国乡村社会的基本伦理和基本秩序。在这样一个体系中，家族、宗族、村落，不同社会关系圈内的生活质量和福利、机会的均等化，以及乡村成员在年老、疾病、婚嫁或发生灾难时能够得到必要的互助，这些都是维系乡村社会稳定和秩序的基本实践。在此条件下，慈善成了乡村社会维系家庭和社区基本秩序的社会机制。这一机制其实也不仅仅是乡村社会的普遍社会实践形式，在非洲通常也可以看到类似的行为。我过去十多年在非洲从事发展实践工作，经常遇到非洲的同事说，他要照顾家人，仔细聊起来发现，他要照顾的这个范围是很大的。我有一位在国际民间组织工作的朋友，他是加拿大人，夫人是苏丹人。我问他娶一位非洲的夫人，有何感受？他说，你千万不要娶一位非洲的夫人（他不是歧视，而是在开玩笑）。我问他为什么，他说，你娶一位非洲的夫人，就会娶进她全家人，甚至娶进全村人。直到今天，即便我们生活在城市，大家还是习惯把父母带在身边，父母也愿意帮我们带孩子。西方人对于我们这种以家为核心的社会实践形式感到非常困惑，原因其实很简单，西方是个体主义为主的社会，平均主义是传统集体主义社会的重要特点，相应的社会实践形态也有差异。在传统的乡村社会，慈善相当于一种平均主义的福利制度，它确保了家庭成员和社区内部基于平均主义的社会秩序。

传统的慈善行为涉及捐赠和获取福利的机会让渡，这意味着捐赠者财富和福利的损失，因此必须要有一套能够鼓励施善的信仰体系，中国人讲的福、命、报就可以发挥此作用。首先，为了抑制人们不切实际的期望，中国人讲命，富贵都在命。同时，中国人又讲报应，从而形成了激励善行的信仰话语，讲福多了不可尽享，要让渡，福不可逾，福多了会有报应。人们为了维护福，就会让渡出财富，以求好的报应。这些伦理信仰直接指导了中国人的传统慈善之举。仔细想想，很多发财的人做慈善，多多少少都有着这样功利性的考量。这是从社会功能角度讲慈善的社会功能的外延，当然不是本质主义的观点，但似乎也是普遍的社会实践。没有人做慈善是因为怕福多了有报应，人们总是说要做好事，这背后其实人们想得更多的还是报应。虽然有钱人会在家里放一些神佛，以求富贵平安，人们也会不断祈祷来保佑自己的财富平安，但很多人还是觉得要做善事，因为他们相信，只有做善事，才能真正保平安。

这样的社会实践不仅是一种简单的说辞，在传统乡村里的义田制、公仓、舍饭都是由此形成的具有慈善公益色彩的社会实践形式。传统的慈善行为还与财富、声望、统治、阶级等相互联系，嫉妒几乎存在于所有的社会形态中，只是表现形式不同而已。传统社会中的富人，一旦财富超出平均水平，即存在与其生活的社会脱钩的风险。如果不想选择离开他所生活的社会，那么慈善就成了他维系自身威望和地位的重要工具。义举为乡村社会的富人带来了巨大的回报，施善在乡村维系了他们作为善人的威望。这样的回报又使这些富人能够有效地进行财富的生产与再生产。从某种意义上讲，施善的范围越大，他收到的回报越高，同时他财富的生产和再生产也会越兴旺。

乡村社会里并不必然憎恨富人，但是吝啬的富人显然会遭遇巨大的反抗。在乡村社会中，义庄、善堂、义会都是由富人发起组织的，他们通过益田、学田等基本的制度形式形成了在传统社会中广泛存在的慈善义举。中国人的这种传统慈善实践，不仅仅表现在乡村人的实践方面，还表现在家国情怀方面。其实这些都与财富的生产和再生产紧密相连。前几年，媒体上报道刘强东回乡给村民发现金，衣锦还乡是那些离开家乡发了财的人非常普遍的社会实践形式。很多成功的商人都会有建设家乡的义举，我们却很少听到西方国家也有类似的事情，因此，中国人基于家和国的情怀始终都会影响着中国人的慈善。中国人的荣辱观是出来闯世界如果不能衣锦还乡，很多人都会选择不回家乡。带着一车的现金回到贫困的村庄，乡亲们给予他的巨大荣誉感使成功人士产生了巨大的激励，这样的激励又鼓励他挣更多的钱。我们今天做扶贫，很多成功人士都纷纷捐钱，这里的慈善又被赋予了政治的内涵，但尽管如此，我们生活在自己文化中的每一个人，包括那些成功人士都无法摆脱命、福、报这些文化信仰的影响，也无法走出家国情怀的价值观。这并不是在对这些观念和行为进行批判和赞扬，而是希望能够厘清中国人慈善公益发展的思想和实践基础。现在的公益都讲第三部门、社会创新、互联网公益，讲解决社会问题、企业社会责任，中国已经进入以现代经济社会文化为主导的现代化阶段，市场的组织形式、国家的治理、社会的组织都已经不同于传统社会。在这样的条件下，发育中国的慈善与公益显然需要现代化的公益。但是，完全抛弃中国的社会文化传统也会让中国现代公益有时候显得没有着落。公益界的很多学者都在研究中国的传统慈善，我想他们的初衷也主要在于能否挖掘这样的思想资源：在从传统回到现实的新潮流中，我们是不是有必要来挖掘一下中国传统慈善的现代意义？如果能够把中国的传统慈善与现代公益做到有机衔接，那么中国的公益可能就会真的成了中国的特色。

慈善与公益有区别吗？

慈善和公益，很多人觉得二者没有区别，反正都是做善事、做好事，而有些人觉得两者之间有区别，不能笼统地说都是做善事、做好事，因为花了钱，做的好事不一定能够做到最好，甚至有时候做的善事不一定能够成为好事。当然，这一问题其实与慈善和公益有无区别并无太大关系。

我在河边村既做慈善，也做公益，我个人愿意将二者做一个区分。

在过去5年中，某家盖房缺钱了、生活有困难了，我会借给他们几千块钱，至于还不还钱，到后来也都不了了之。曾经，有一位年轻人给我发微信说他的女朋友在医院生孩子，没有钱出不了院，说他将来会打工挣钱还我，后来也没有了下文。我在村子里做的类似的事情很多。其实每次借给他们的钱不算很多，我也没想着把钱要回来，更没想着让他们感激我。我的理念很简单明了，就是我比他们的条件好，只要他们是真的出于急需，我愿意力所能及地提供帮助。我把这种行为叫作“慈善”。但很显然，这样一种形式的慈善，会带来很多问题。有一次，我和同事与来访的朋友一起讨论如何资助一个辍学女童，有个村民过来说她爸爸在医院急需用钱，我说那你把你的车卖掉，她听了好像很失望。一个简单的慈善行为看起来是在做好事，但实际上会在一个群体中产生负面的影响，这也许就是我希望把一般性的慈善和公益做一个区分的个人原因。

我在政府的支持下，利用公益筹资为瑶族妈妈建造了“瑶族妈妈的客房”。农民不仅投工投劳，也把自己的积蓄投了进来。这看起来还是我所讲的慈善，但是这个项目能够产生收入，可以解决他们的日常困难，这已经比简单资助要好很多。我筹资在村里建了幼儿园，这个捐赠没有花在某个人身上，村里所有的孩子都可以受益。我在社会上筹资，为村里建了河边会议室。会议室对外出租，每天可以赚4 000元，到目前已经产生了近20万元的收入。这些钱进到了村集体，用于支付幼儿园、村内垃圾处理以及其他的公共支出。幼儿园和会议室等这些项目在我看来就不是简单的慈善，而是公益。所以我认为，慈善和公益的确存在差异。

约翰·霍普金斯大学的第一任校长丹尼尔·吉尔曼（Daniel Coit Gilman）于1907年写过一篇文章，题目为“五种伟大的礼物”。他在文中解释了慈善和公益的区别，我非常认同他的观点。他认为，慈善仅仅是给穷人提供了暂时的帮助，相反，公益则是给社会所有人的帮助；慈善满足了个体需要，而公益则是要创造和支持个人摆脱困境的机会和机制。这就是美国的公益热衷于支持教育的主要原因。

徐永光先生算是中国当代公益的奠基人，当然不是说他是中国历史上慈善和公益的奠基人，而是说在当下这个时代，他的确算是奠基人。我这样说的主要原因是他将解决社会问题的机制作为公益的元使命。无论是当年领导“希望工程”，还是今天倡导社会影响力投资，他的视野是公共的、社会的、机制性的。他经常对小打小闹的慈善活动兴致不高，他提出的“公益规模化”给人很多误解，似乎他总在做强、做大公益组织，但实际上，徐永光的“规模”主要讲的还是影响。卢迈先生是我极为尊重的另一位公益学家，他几乎把自己所有的时间都花在通过各种各样的办法来解决农村儿童的学前发展问题上。很多人可能对此不以为然，但是农村学前儿童关怀的短板是中国不平等根源中极为关键的一环。很可惜，不是所有人都能认识到卢迈公益行动的伟大意义。

慈善是传统社会维持社会稳定运行的重要机制之一。在传统社会中的慈善虽然直接帮助了需要帮助的群体，但是这类帮助有着强烈的“私益”彩色。“私益”有两层含义，一是受益的人群是少数个体，而且这种简单的救助并不能解决受困群体深层次的问题，容易导致“慈善依赖”。也就是说，一旦出现同样的问题，就得继续施以援手。这当然也算是积极的社会行为，毕竟我们不能目睹那些遭受困难的同胞继续受苦，但在传统社会中，捐赠的另一层含义则在于富人通过施舍来获得他们在社区内部存在的合法性。嫉妒是人类的天性之一，当一个社区有几个富人的时候，这些富人就会承受巨大的生存压力，甚至出现对他们财富合法性的质疑与挑战。因此，从财富的社会关系体系的角度讲，富人愿意提供捐赠、帮助他人。这种类型的慈善行为在中国过去十分普遍，但是，这都不是我所说的公益。

公益，首先是“公共受益”，这是进入现代社会以后，我们通过捐赠从根本上解决社会中困难群体问题的根本性方案。建一家医院、建一所学校、建一个就业车间，都能产生公共受益的效果。所以，现代公益即使有时候看不到直接瞄准了哪些需要的群体，甚至有些情况下原来存在困难的几个辍学儿童都可能没有去学校，但是通过公益建立起来的学校却为很多有可能上不了学的孩子提供了上学机会。所以我认为，慈善的爱心是狭隘的，公益的爱心是广阔的。

区分慈善与公益在中国的特定语境下是有意义的。由于公益实践依赖于捐赠，因此在很多情况下，公益组织和捐赠者存在不对等的关系。为了获得资金，公益组织往往会接受一些影响公益原则的捐赠条件，受资助者有时也要接受资助者的附加条件，这些都有可能导致公益价值的流失。如果捐赠者认为财富是他自己创造的，他有权决定如何使用这笔捐赠，那么就一定会形成捐赠者与被捐赠者不对等的权力关系，从而导致捐赠流向“私益”。记得很多年前，一位企业家拿出一大笔钱，希望在春节期间把这笔钱发放给农村的困难群体，当时将这件事交给一个公益组织来做，该组织后来接受了捐赠的条件。这毫无疑问是一个慈善义举，但没有人评估一下将现金发放给他人，带着出资人的名字，会给社会和接受者带来多大的伤害。我们很难就这个行为本身来断定捐赠者究竟出于何种动机，但是从建议将这笔钱捐赠出来，由公益组织来决定这笔钱如何使用遭到拒绝这件事上看，至少捐赠者希望能够在社会上呈现个人的慷慨大方，并希望受捐者知道是他的捐赠。这也无可厚非，但这恰恰是我讲的“私益”。我们的公益组织越来越多，但是资助性的公益组织还非常有限。有钱人希望公益自己做，一则是希望做自己喜欢的事，二则也可能是觉得自己的钱自己做放心。归根结底，还是“私益”的情结在作怪。

舒适性的牺牲与利他主义？

说到公益的元问题，就不能不说利己与利他。不同学科背景和不同立场的人，对此争论不休，并无定论。我在书中的其他章节讲到了自私是人的本质特点，而慷慨则是人的社会特点。我在这里把慷慨作为一种行为，而非一种属性。从这个意义上讲，自私和慷慨好像并非在一个结构关系中。自私的人有时候会慷慨，而利他性的人也未必处处都慷慨。可能用利己和利他的表述更为直接。经济学家主张自利行为是人类行为的主要特征，他们认为自利激励了人在社会中的行为，他们主要的依据来自亚当·斯密的思想，但是亚当·斯密在《道德情操论》一书中同时还提出了人的天赋中存在着关心他人命运以及与他人分享幸福的本性。亚当·斯密在强调个人理性和自利性的同时，也强调了人的利他性。应当说，亚当·斯密是辩证的，自利与利他很显然是人类本质属性的两个方面。1978 年诺贝尔经济学奖获得者赫伯特·西蒙（Herbert Alexander Simon）认为，我们无法区分利他和自私。他将利他主义定义为"舒适性的牺牲"，意思是我们都有为了别人的生存而牺牲我们自己某些利益的属性。

讨论自利和利他行为的目的是为了说明公益行为究竟是如何驱动的。如果我们认为人是以自利为主的，那么也就是说人的公益行为是出于自利的原因，这意味着出于自利的公益就一定会有一个利益的交换。按照这一逻辑，很多捐赠做公益的人希望在此过程中获得什么样的利益交换呢？我记得徐永光讲过，捐赠做公益，个人觉得很愉快、很满足，这也算是一种收获。言外之意是捐赠人通过捐赠获得了幸福感、快乐感，可以看作是一个购买快乐的交易过程。这就是基于利益交换视角的解释，但很多人不赞成他的观点。对于很多匿名捐赠的案例而言，如果社会都无法知道他进行了捐赠，难道他仅仅是在捐赠财富的那一瞬间感到愉快了吗？在通常情况下，社会的颂扬是产生荣誉感和愉快感的基础。当然，从心理学角度讲，个人的愉快并不必然取决于社会，但是，将公益的动机完全建立在利己激励的基础之上的解释显然也不完全令人信服。卡耐基也在他的书中阐述了自己进行捐赠的原因，他认为，财富集中造成贫富差距扩大是文明进步不可避免的代价，富人对社会有着不可推卸的责任，社会稳定了，对自己也有利。聚财和散财一样需要高超的经营能力，他主张富豪应该在生前通过适当的运作将财富用于造福公众的事业，但很显然，我们仅仅通过案例仍然无法知道一个人捐赠的真正动机，这或许也是研究公益的难点，在很多情况下，只能依靠社会心理学家的实验研究。

我从 20 世纪 90 年代开始进行公益捐赠，可以分享一下我在不同时期、不同情况下进行捐赠的理由，希望我的陈述尽可能客观。

我的捐赠大概分为两种类型。一种属于情感型，这类捐赠占了大部分。我在北京郊区工作的时候遇到过一个家庭，父母生病、家庭负债累累，两个女儿上不了学，当大女儿用英语问候我和我的德国朋友时，我感到非常惊讶，后来了解到孩子因为家庭困难而辍学，我当即决定帮助这个家庭还清债务并承诺支持这个孩子一直读到大学毕业。我的这个行动就是受到了他们家庭困难、女儿不能上学的触动，觉得自己有能力让更多的人和自己一样接受教育。我做了很多类似的公益捐赠。我在做这些捐赠的时候首先会想一下我的承受能力，客观地说，我所说的我的承受能力是我的捐赠不能影响我的生活水平。很显然，在做出这类捐赠的决策中，自利和利他的特性是同时存在的。虽然我没有考虑做这件事情会带来什么收益，也没有要求得到任何回报，但我似乎有一个牺牲舒适性的特点。

为了研究这个问题，我有时候不经意地问身边的同事，如果有 100

元，拿出 1 元捐赠，有问题吗？同事说，没问题。我再问，有 100 元，捐出 10 元有问题吗？同事说，问题不大。我继续提高额度问，有 100 元，捐出 50 元，可以吗？我同事说，估计有点困难。很显然，每个人的利他行为首先是建立在利己的基础上，但这并不意味着人的利己属性会排斥利他属性。中国扶贫基金会有一个月捐计划，基金会的筹资人动员我加入他们的计划，我首先是毫不犹豫地同意，其次问他们最低月捐额度是多少。我最终成了中国扶贫基金会的月捐会员，在选择月捐额度时，是按照我此前讲到的百分比来确定我的月捐额度。

自利和利他同时存在是人的本质属性。每个人在利他和利己的程度方面会有差异，这种差异大多来自个人的生活经历。我们经常喜欢用美国的案例来比较中国的案例。美国人认为，他们的成长过程离不开公益的支持，而且这种支持一代一代都比较稳定，因此，美国公益的社会影响和社会效益也比较稳定地呈现在社会大众面前，这也是美国公益社会发展的基础。中国的情况则不同。首先，财富的迅速积累仅仅经历了几十年，关于财富的社会价值还没有完全发育成熟，而且在一般大众，特别是富裕群体的记忆中，还存在着不确定性和潜在危机的深刻记忆。同时，我们在国家主导的社会下成长，在我们的成长记忆中很少感受到公益的作用。如果缺乏自身受益于公益的切身体验，就很难对公益有一个深刻的认识。这些因素也都影响了中国普通大众和富裕群体的捐赠意愿，当然这不是说中国人不愿意捐赠，而是说比较稳定的捐赠文化在中国还没有形成。

我也有基于交换的捐赠行为。在筹资的那几年，每年的“99 公益日”，我总是会去回馈帮助过我的那些人，而且我会对在我第一年比较困难的时候为我提供过支持的人捐出更多的钱。我可以客观地说，在这种类型的捐赠过程中，我并没有真正去了解我朋友的那些筹资项目的情况，我把它叫作“人情的捐赠”，也就是“有利益交换的捐赠”。

还有一些我做过的捐赠，则存在着明显的自利性。比如我给某些项目捐赠，目的是希望他们能够雇佣我朋友的孩子。

自利与利他是人类复杂的社会行为。基于自利和利他行为的公益捐赠则更加复杂。由于利他行为经常处于稀缺状态，因而人们习惯于把自利行为看作是人的本质属性。然而，利他行为显然也是人类自有的属性，不然为什么会有那么多的人都在做利他的事情呢？就像我个人的例子所呈现的，在我做的所有公益捐赠中，很大一部分并非出于利益的交换，而是出于情感驱动。过分强调人性的自利对公益是有害的，公益是不同于经济活动的人类社会活动，人类的公益行为无法遵循经济规律。这是从道德层面看社会的一个视角，该视角并不符合经济学家的理性主义。相反，从社会道德的本质主义讲公益，也一定需要有一个制度，尤其是大规模的公益捐赠，也需要讲效益，否则就会引发公益的异化和道德的陷阱等问题。

公益的维度

中国的公益究竟是继续围绕着捐赠，还是需要围绕通过公益行动倡导为我们的民族发育出公益的价值，这两个问题实际上还没有达成共识。

在过去几十年中，中国出现了两个方面的变化，一是向全球的开放，二是内部政治经济社会的变革。这两个维度的变化是把握社会组织发育的重要条件。

过去，我们做公益主要向国外学习，长期以来，公益组织与国际资源的结合也的确是中国公益组织发展的重要方面。我本人从 90 年代初就一直在与国际民间组织合作，但现在才开始讲中国公益组织“走出去”，这是公益发展的第一个维度。从民族本体的角度讲，存在一定程度的自我利益，因此，我们的公益组织“走出去”，应该有鲜明的民族性，不能像西方公益组织那样。在全球化的过程中，不能搞狭隘民族主义，也应该把中国的公益文化与其他国家的公益文化相结合，丰富全球化、共享性、新的公益伦理。

第二个维度是公益组织如何在中国迅速发展的语境下，寻求自己的定位，这需要更多地考虑社会的融合。我之所以强调社会融合的原因是，快速的经济社会转型会出现相当多的问题，如果按照民粹主义的视角，那可能会造成更大程度的碎片化。碎片化也不完全是一个负面的词，问题是我们的现代化过程是一个后发性的、干预性的现代化，自主型的社会整合机制不完善，碎片化的议程会破坏社会共识。而社会共识对于真正实现中华民族的伟大复兴非常重要，在这个过程中可能需要牺牲一些个人的权利，当然，这个问题也比较复杂，不能简单而论。所以，公益组织在国内的发展需要考虑国家主义和发展主义的问题。由于发展主义的长期主导，导致了社会的分化，社会分化以后就出现了不受益的群体和受益少的群体，甚至出现了利益受损的群体，所以民粹主义就出现了。从这个角度讲，我个人觉得中国公益当前面临三个方面的挑战。

第一个挑战是公益文化。我们的公益文化虽然也是基于传统的慈善思想，但现代的公益实践也受到了资本主义公益文化，或者说资产阶级公益文化的影响。在发展主义、民粹主义交织的过程中，公益的基本力量应该放在什么地方，如何处理与发展主义、民粹主义的关系，这些都会影响到公益的发展。我个人觉得现阶段的公益，不应该成为民粹主义的公益，因为公益实践本身极有可能成为民粹主义的资源。公益在资金资源、人力资源、智力资源等方面，都有很大的优势，如果变成民粹主义的工具，那么公益就会产生负面性。公益文化不仅是一种观念，更是实践，我常常说不要把公益搞成一个中产阶级自己玩的公益游戏。我经常在农村工作，但却很少在农村养老院里看到志愿者，志愿者们大多在大城市穿着公益衫发发宣传单、扫扫垃圾。这本身没有错，但这是不是真正意义上的公益？我们的阶层分化很严重，越是下面的阶层越是如此，所以即使是我们经常讲的公益，很多基层老百姓也听不懂。

第二个挑战是公益与国家主义的关系。一方面，中国的公益不可能脱离国家政治实践的语境，因为国家公益实际上覆盖了很多的公益范畴。另一方面，我们也需要强调公益的特殊性。公益也需要关注多元性。公益代表弱势群体，要协助国家在新的全球化过程中，探索新的全球化伦理。公益组织不仅是到国外建医院、学校，更重要的是如何能够在实践中让我们的民族认识到发育全球化伦理的重要性。这是我们公益不可推卸的责任，国家也需要公益这种特殊的作用，所以我现在支持很多公益组织“走出去”，很大程度上是希望公益组织通过国外的实践能够为国家提供这样一种经验。

第三个挑战是公益不能完全沦为发展主义的奴隶。若公益沦为发展主义的奴隶，那么这个公益是没有意义的。

大眼睛的小女孩

大家只要在网上点击“大眼睛的小女孩”几个字就会看到一张手握着笔的小女孩照片，这是一张 30 年前走红全国的“希望工程”的宣传照片。这个安徽农村小女孩的照片代表着中国现代公益的诞生，这张照片触动了千千万万的爱心，也改变了千千万万和她一样贫困儿童的命运。

我们经常讲利他之心是人的本性之一，虽然我有时候将利他之心更多地看作是人的社会属性，但无论如何我们都会把慈善看作是人类理所应当的行为。事实上，我们的的确确看到很多人乐于施善，也并非很多人愿意伸出援助之手。公益的元问题实际上很复杂，这本书的名字叫公益的元问题，并非我能解答出元问题，书中各种各样的事情都会涉及公益的元问题。如果没有受惠于公益，一个人可能永远不知道公益的价值所在。这个大眼睛的小女孩叫苏明娟，是安徽省金寨县的一名小学生，拍照的时候她在上小学，家里很穷，非常困难。照片发出之后，社会各界纷纷捐款，有的捐衣服、有的捐学习用品，在“希望工程”的支持下，苏明娟考上了安徽大学并获得了经济学学士学位，毕业后进入银行工作。苏明娟依靠社会捐助改变了自己的命运，在她的努力下也改善了家人的生活，同时她不忘回报社会成了一名公益人，大学时她就和同学一起在贫困县义务支教，当时遇到一个非常困难的孩子与母亲相依为命，家里连一口像样的锅都没有，她和几位同学一起给这个家庭捐助了一千多元。她每年都会从自己工资中拿出一部分交给“希望工程”的工作人员，捐给贫困地区，是“希望工程”的形象代言人。从一个受捐助者转向了捐助者，苏明娟是社会中千千万万受惠于公益而又成为公益支持者的典型代表。

“人人公益”是慈善社会的基础，但是“人人公益”不能仅仅依靠说教，我们当然需要在道德教育层面广泛宣传善良、慷慨以及帮助他人的美德。公益界也需要反思我们做的公益能否惠及更多的社会群体，我们的公益在很大程度上还在吃着“希望工程”的老本。现在的公益资源，比过去有了极大的丰富，但是公益更多的还是公益圈内的话题，还没有成为广泛的社会话题。让公益静悄悄地无处不在，要比轰轰烈烈的公益项目大赛更为有效。所以，走出公益圈的自言自语，加大公益的话语权，将公益逐渐发育成社会一个大的组成部分，只有这个时候才能真正做到“人人公益”。

第二章　捐赠的困惑

为什么有人一掷千金、乐于行善，有人却吝啬抠门、一毛不拔？公益人每天最大的困惑就是如何筹资，公益行业形成了各式各样的筹资策略，我在不同的公益组织担任理事，理事会讨论的主要议题几乎都围绕筹资，而筹资与捐赠紧密相关，为什么有的基金会愿意成为资助型基金会，有的基金会则是自设议程（自己做自己的项目）。我在为小公益组织筹资时，总是告诉捐赠者，我只需要一点钱，因为我觉得如果向捐赠者“大张血口”，他们就感到为难，如果我只申请区区几万元，他们都很乐意提供支持。通过不同人的组合，我一般都能获得需要的资金，这算是一种筹资策略。王石在河边村捐赠了 15 个厨房，有人说他那么有钱你为什么不多要些，我说 15 个厨房的资金量已经很大了，王石是主动捐助，大爱无疆。总之，对于一个需要筹资的公益人来讲，筹资始终是我的一个困惑。我们很难分析一个人的捐赠动机，有时候把愿意捐赠的动机归结为吝啬，并继而进行“道德绑架”，在很多的时候，我们筑起了一座高高的“道德大山”，站在这座山上，俯视所有人，其实我们大多数人都是站在这座道德高山上的小人。捐赠不仅是一个简单捐出财富的行为，更是一个复杂的政治社会过程。捐赠涉及道德陷阱，也涉及捐赠人的个人权力、影响力、偏好，所有这些让公益看起来是帮助他人的社会行动变得非常复杂。有时候我会问公益人，大家都在筹资，很多人都在批评他人吝啬，难道我们自己就是慷慨大方的吗？

捐赠：公益的“魂”

我在 2015 年以来的一些短文中一直将捐赠问题视为中国公益的核心内容，对此一些人持有不同看法。我很理解他们的观点，也不反对所谓的不能将公益等同于捐赠的看法。

其实，我也不认为公益就是捐赠，捐赠是一个非常复杂的问题，不能简单地说公益的核心就是捐赠。但是我仍然认为公益的核心离不开捐赠。不论是“99 公益日”的喧闹还是陈光标的捐赠新闻都没有离开过捐赠这个问题，什么时候因为一个人说去做志愿者而没有去成为新闻的？这不是说志愿行为不是公益，而是说我们还没有很好地解决公益的捐赠问题。

我坚持认为公益的核心涉及绝对意义的公平和正义，而其实质是财富的分配，从这个意义上说公益无法回避捐赠。

一般来说，大家都认为公益是资本主义产生以来的社会意识形态和实践，是和财富的积累相伴随的一种社会关系。这不能说有什么错，因为资本主义产生了更多的财富和更大的财富不均。其实，财富和财富不均也不是从资本主义才开始有的，是伴随着人类社会逐渐形成的，所以捐赠也是人类随着财富的积累而不断形成的“善行”。

中国古代的大灾之年，有钱人会发放舍饭。功利主义者和交换论者的观点是，这样做是为了保护有钱人自己，缓解灾民可能出现的抢仓行动，是一种交换行为。但是，这一解释并不能令人信服。互助性是生物界普遍存在的现象，人类也没有例外。孔子从人本主义的角度将“爱人”释为“仁”的本性，反映的恰恰是社会原始的人道主义思想。孔子在《礼记·礼运·大同》中描绘的“故人不独亲其亲，不独子其子。使老有所终，壮有所用，幼有所长，鳏寡孤独废疾者皆有所养”，阐述的思想也正是我们今天倡导的“人人公益”的理念。如果说孔子的慈善观还是普世性的人道主义，那么墨子的慈善思想则直接涉及了“捐赠”。墨子主张“兼相爱”“交相利”，进而，“多财，财以分贫也”，“有力者疾以助人，有财者勉以分人，有道者劝以教人”。若此，“则饥者得食，寒者得衣，乱者得治”，芸芸众生安居乐业，天下太平。墨子的慈善思想直接将人类原始的人道主义衍生到了财富分配以及财富分配与社会的秩序问题。这都直接触及现代的公益问题。“有力者疾以主人，有财者勉以分人，有道者劝以教人”不正是今天说的“有力出力，有钱出钱”的公益理念吗？传统的慈善思想虽然没有说慈善一定要捐赠，但是却包含了明确的捐赠含义，并且明确阐述了捐赠的社会意义。

我之所以要反复讲捐赠这个问题，主要是因为：首先，从本质上讲，社会的实质在于公平和正义，而公益则是达到这个目标的手段；其次，公益的运行离不开捐赠。捐赠在公益中的意义可以分成两个部分，一个是实质性的（substantive），一个是工具性的（instrumental）。由于公益是实现社会公平和正义的手段，因此捐赠也就成了社会财富分配的直接手段，这也就是我认为公益是社会隐形契约的原因，这也是公益与税收的区别。公益通过社会共识形成契约以志愿的形式使财富的分配更加公平，公益组织成为财富的分配器。凝聚社会对于财富分配的共识绝非易事，因此，对于一个财富分配不均的社会而言，税收是必须的。如果税收功能低下，那就很容易引发革命，这就是不平等程度高的社会容易引发社会动乱的主要原因。除了有效的税收以外，公益则成了社会公平的另一个平衡器。仅仅依靠交换理论很难让每个人自觉从事公益活动和捐赠，因为动乱是不确定的未来事件，人们往往会为避免一个未来有可能发生的事件做出牺牲。因此捐赠文化必须建立在某种形而上学的东西之上，比如宗教、信念等，美洲人陆新教徒持有的财富观对于美国大众公益理念的形成就是如此。

中国虽然在传统里也有丰富的慈善思想，但进入新中国后，传统文化的断裂使我们在概念上很少有这些传统捐赠的理念，加上客观上国家主导一切的现实以及财富长期以来的相对公平性，传统慈善没能继续发展成现代公益。更重要的是，我们的传统慈善观没有深入意识形态的理念和价值中，最多也不过是在社会和家庭的教育层面上，即便在没有这种文化断裂的台湾，捐赠文化也不像欧美。并不是说我们要通过宗教来改善捐赠文化，而是普遍性捐赠价值的缺失是我们公益不得不面对的现实。我虽然在为“99 公益日”摇旗呐喊，但是除了依靠每个人朋友圈的扩散，真正大众意义上的捐赠有多大比例，我对此是有疑虑的。如何让捐赠慢慢成为中国的社会意识形态和价值取向，的确是中国公益发展的挑战。

有人说，不用着急，这是个过程，现在不是已经有很多的捐赠了吗？这的确是事实。从社会功能主义角度讲，捐赠文化的确会随着社会财富的不断积累而逐渐发育，但是如何发育健康的捐赠文化则是我们不得不面对的问题。就像我同意批判我观点的人所说的那样，捐赠绝对不仅仅是捐赠本身的问题，捐赠还涉及整体的社会文化环境和制度。我说过善款的滥用不关乎你是不是捐赠，但这的确影响捐赠。其实研究一下不难发现，滥用捐赠和公益腐败恰恰是因公益文化价值的缺失所致。在一个缺乏财富分配共识的社会，当捐赠不具有某种神圣性的时候，任何形式的捐赠都可能成为掠夺和贪腐的目标。因为，掠夺者和贪腐者对其行为只负法律责任，而非道德和价值的责任。在捐赠道德神圣性缺失的环境下，很多捐助者的捐赠都可能是异化的，他们的捐赠都存在非公益的动机，很多的捐赠会把捐赠与自己的商业利益和个人利益捆绑起来。在这样的环境中，非法占有捐赠资源者也不会有道德的耻辱感。所以，基于社会共识的财富公平分配的价值理念是健康捐赠的必要条件，而其他方面则是捐赠的补充条件。

捐赠并非施善

“99 公益日”，很多公益组织都在腾讯公益基金会配捐的激励下积极投入筹款，我发起的小云助贫中心也加入其中。很多人都说这是好事，是施善。筹款过程中的面面观引起我的一些思考与反思，公益捐赠涉及赠予和接受，这个看似简单的过程却有着复杂的社会根源，并产生相应的社会外部性，引发出人性、社会性、伦理道德等一系列社会意识形态和社会实践的深层次问题。

说到捐赠就不能不说美国。公益界热衷于学习美国也绝不是盲目地崇拜。全美每年大约有 3 500 亿美元的捐赠款项，占美国 GDP 总量的 2%~3%。美国家庭平均每年捐出 10% 的家庭收入，每个美国人平均每年捐赠 1 000 美元。英国每年捐赠的总额也占到了 GDP 总量的 1.5%。北欧和西欧国家的捐赠也都很多。但是，美国人，特别是英国人和荷兰人的“小气”举世闻名，我和同事们从 20 世纪 90 年代就开始领教这些国家朋友的“小气”了。

为什么把自私作为美德，以吝啬的个人主义为主体的西方会如此慷慨地捐赠，而中国人却做不到呢？有人说中国人长期受穷受怕了，现在有点钱就攒着以防万一；有的人说，你可不知道富人挣那点钱多难！这都没错！但是，捐赠康奈尔大学的康先生是钉马掌的，他从英国漂洋过海到美洲大陆谋生难道就比我们赚钱更容易？难道在贫困中挣扎的穷人就比我们能赚钱的人吃苦少？我们之所以纠结有很多原因，创业精神和生存价值之间所涉及的自利和利他的失衡是这个纠结的核心，这背后则是一代代人能不能在艰苦创业中发育出具有广泛认同的平衡利己和利他的精神和道德基础。当世人颂扬我们民族的家庭价值时，我们有没有反思过，热衷于财富在家族内部传承，对家人慷慨解囊、对陌生人疾苦冷漠以待是否是美德？我们是否真的会对那种背离自立和勤奋而获得的财富反感？我们是否会对继承了很大的财富而心存不安？

我从 20 世纪 90 年代开始进行公益捐赠，很多时候都会听到这样的话：这些人很懒，给了他们钱也会被吃掉、喝掉，或者还债！我当时就想，如果我是饿肚子、借着债的人，有人给我钱说你拿着钱去做点生意吧，我一定也是拿着钱先买吃的或者先还债。穷人是否天生要受穷或者他们是否应该得到帮助，这个帮助是否应该有附加条件等，都是公益领域不可回避的基本问题。公益并不仅仅是捐赠的问题，它不是基于市场的所得，也不是政府的制度性分配，公益是一种融合社会的隐形契约。如果缺乏一个普遍认同的、明确的伦理基础和道德判断，公益就很容易产生人性的扭曲和公益的丑闻。欧洲在工业化开始和财富积累迅速增长的时期就从社会意识形态上抛弃了亚里士多德的“贫穷是罪恶根源”的观点。这个转变一方面得益于宗教的基础，另一方面也得益于来自公共知识分子的反思，以及这种反思的社会意识形态主流化的过程。康德指出没有人注定生活在贫困中，救助穷人是国家的义务。帮助穷人维持基本生活不再是施善，而是我们的义务，由志愿性的施善变成义务是西方社会对于人的生存尊严严肃性认识的革命性转变。这一转变直接影响了西方的日常公益实践。

我有一次遇到美国的基层NGO在帮助吸毒者。我说你们不断给他钱，他就不断吸毒啊。这个NGO的工作人员说，如果不给予帮助，他可能去偷去抢，就会危及他人，所以我们给他一点钱，让他能买一点他需要的，同时再帮他戒毒，这样效果会更好。我这里不是评价该做法的优劣，而是想说一个基于人的尊严平等的社会意识形态应该成为公益的社会基础。也就是说，每个人不论贫富和强弱，都有过上好生活的权利。如果说我们的社会普遍接受这样的价值观，那么我们就有可能消除导致我们不安全的社会基础，因为社会的一切问题都来源于不平等。联邦德国和民主德国统一之际，东西差异巨大，如果没有当初德国政府向每个人征收统一建设税，德国能有现在这样平稳吗？我听见过很多德国人抱怨，但没有听见过德国出现大规模的反对示威。我认为这是历史上最大规模的、有组织的公益行动。如果没有一个被普遍接受的思想性共识，如果他们一点都没受到他们先知的影响，单靠德国政府的号召能付诸实施吗？

公益除了需要建立在普世性的平等生存伦理的基础之上以外，还涉及财富积累的合法性问题。我记得有一篇短文，是一位和现在某个大亨一起共事的人写的。他写了他们的创业历程，现在他的同伴是大亨，而他在给他的同伴打工。这位作者绝无嫉妒之意，反倒总结了自己不够进取努力的原因。当不平等通过符号殖民方式内化为社会意识形态的时候，公益的义务性就会受到质疑，人人都会用所谓的“道德绑架”来反对公益，能者多得几乎无人质疑，也已经成为社会的法则。这是一个基于适者生存的人类动物性伦理的社会延伸，虽然我们很难改变这个法则，但是人类的社会伦理必须超越这个简单的驱动。康德说，按照土地法和我们的社会法则，虽然我们完全可以有权这样做，但是或许我们已经参与到普遍的非正义行动中了。社会大众对于自身行动的判断是基于道德、法律，如果社会缺乏明确的伦理价值，个人行动的道德价值判断就会模糊，他们只能依据法律来判断自己的行为。人类的法律制定向来都是“尴尬”的，一方面，人类希望用法律来维持社会的正义和秩序；另一方面，法律又是由一个个自然人制定的，他们都是“自私”的人，会在法律里给自己留下宽容自己的余地。因此，很多法律的条文又是在保护“邪恶”。例如，很多富人的财富看起来是合法的，所有人都知道这些财富很大程度上是通过剥削穷人获得的，但是保护财富和获得财富手段的法律恰恰又保护了这个非正义的行动。所以，卢梭认为“通过法律所获得的并非一定就是正义的，法律不过是富人将最初剥夺来的财富合法化的外衣”。这一认识也是西方福利主义思想与社会的基础，西欧与北欧的高税收福利政策就是在矫正来源于法律层面合法的社会不公平。从这个意义上讲，对穷人的帮助并不是一种施善的行为，也不是一种要求穷人感恩的行为，而恰恰是我们对自身非正义行为的一种纠正。

这似乎给人家一种劫富济贫、平均主义的印象，其实不然。每个人都有追求财富的权力，但是这个追求的正当性必须建立在：首先，只要是为获得能支持他或她所希望的生活水平的经济条件，那么这个权力就具有了伦理的合法性。而制造出巨大不平等的财富追求，尽管有法律的合法性，但不具有伦理的合法性，除非这个财富能造福社会。个人的能力在社会上的充分发挥获取了个人和家庭优越的生活。其次，财富的获得不应基于过度的逐利。最后，财富的获得不应建立在寻租和贪腐之上。因为这不是增加财富总量，而是不公平地分配了财富。与此同时，如果一个国家不能对财富进行有效的分配，这会是一个十分可怕的社会，获得合法收入的富人就会生活在永无安宁的环境中，这一点不需要举出任何的例证。在美国试图通过任何一项加税的法律都是非常困难的，美国人不希望所有的事都由政府来做，他们的企业、公众热衷于社会事业，所以美国有着发达的公益，我把这样的社会叫作“公益分配型社会”。虽然欧洲（西欧和北欧）公益也很发达，但是他们的税率很高，我把这样的社会称为“政府分配型社会”。从某种意义上讲，公益也是财富分配的手段，一个通过社会，一个通过政府，否则就会出现社会的动荡和失序。很多人一定会说，高额的税收和公益募捐将会极大地削弱创造财富的动力。实证体系数据则说明，具有完备征收税赋体系和公益发达的美国、欧洲、日本和韩国恰恰是财富和创新的集中地。因为这些国家具有良好的企业家致富的社会环境，也有着与之相适应的公益社会意识形态的价值体系。我要强调的一点是，不是说这些国家对于公益的态度异口同声，相反，对公益有力的质疑和反对也存在于这些国家中。德国的报刊就曾抨击“捐赠承诺”是把国家的权力转移到亿万富翁。墨西哥首富就曾嘲笑“捐赠承诺”，他认为慈善解决不了任何问题，但他本人就是一个公益事业家。既然不好，他为什么还要做呢？在墨西哥，他有必要为逃税而这样做吗？

公益行动涉及私人之间的捐赠与接受，这一关联行为是公益领域最为复杂和核心的内容。尽管我们设法论述财富积累的不合法性的本质，同时也对财富的积累予以客观的宽容，以此希望富翁的捐赠成为一种平等的义务，我们也设法告诉接受捐赠的人，你们生来就有与其他人同等生活水平的权力，但是，赠予行为的确是在一个不对等的主体之间发生的，捐赠者不是圣人，无法避免通过捐赠而获得利己的道德尊重感。同时，这样一种赠予行为也无法避免接受者的弱势感，甚至对于富人扬扬得意的施舍而产生尊严受损和心理的扭曲，以及某种依赖和不负责任的等待。我们常常看到拿着很多现金来做公益的富人，他们的慷慨可能来自心里善意和情绪化的表达，大多并不是出自对严肃的平等伦理的认同，我们也会发现施舍的负面效果。所以，尽管我很纠结是否应该去发育一大批专业化的公益机构，但是，让公益机构作为负责任的问责实施主体可能对社会更有正面意义。因为公益机构的真正使命在于可以消解捐赠人个人的利己情怀，消解接受者的屈辱感，实现公益作为具有同等权利人之间义务的社会过程，而不是去帮助某些人呈现他们的特殊美德和成全某些人的不劳而获。

一个良好的公益制度也是在社会实践中逐步形成的，美国是公益最为发达的国家，托克维尔说："世界上没有任何一个国家比美国人更热爱财产，同时也没有任何其他地方像美国那样基本上不遵循如何防止财产流失的忠告。"看起来美国人最大限度地追求私人财产，同时又把自己的财产贡献给公益，似乎很难令人理解。首先，美国的财富观和公益观来自大量从苏格兰移民到美国的清教徒的思想观点。这些清教徒因为不满英国社会的阶级分化，他们在财富和遗嘱问题上更多地接受平均主义的思想，这些思想逐渐成为所谓的美国传统。清教徒和贵格会教友的财富和公益实践极大地影响了美国的社会结构。一方面，他们的观念促进了美国作为富人捐助的大国；另一方面，也促进了美国作为大众公益社会的发育。早在 1908 年，美国劳工就会将收入的 1.5% 交给教堂，1.8% 捐给其他志愿者协会，另有 0.4% 以非正式形式送给朋友和家人。在 20 世纪 60 年代，美国有一个非常有名的公益活动叫"十美分活动"，该活动是全国性的，捐赠收入用于研究小儿麻痹症的治疗方案，而不是直接救助患病儿童。

公益不是简单的慈善行为，而是一个基于平等、和谐伦理的社会行动。在中国，那些直接救助型的公益比较容易得到支持，我称之为"显性公益"或"问题公益"，这类公益能够马上促动情感。但是，我们在募捐从事解决问题的公益项目时就很难筹到资金，这类公益我称之为“隐性公益”或“方案公益”。“人人公益”不仅是指人人参与，更重要的是他们能够识别那些能够实现社会公平和解决社会问题的公益实践。公益的实践发现，公益问责的问题很容易发生在救助型领域，但是很少发生在“方案公益”的实践上，这也启发我们关于我国公益事业的发展。我们正在面临慈善向公益转变的挑战，正在面临公益形态多元化的格局，正在面临公益逐渐制度化、专业化的挑战，也面临着更多“方案公益”的出现，我们还没有做好充分的准备来面对这些挑战。好在有像中国扶贫基金会、南都公益基金会、敦和慈善基金会、爱德基金会、友成企业家扶贫基金会等众多公益机构和其领袖们的努力，中国公益事业一定前景辉煌。

捐赠的动力是什么?

讨论慈善公益，离不开捐赠，因此，可以从捐赠的动力上探索公益的元问题。总的来说，在欧美社会，捐赠是非常普遍的社会行为。有一次我在德国，晚上和几个朋友吃饭，他们在吃饭时就讨论起第二天的一个捐赠活动。我当时想，中国人除了专门做公益的，普通人恐怕很少聚在一起讨论捐赠的事情。与欧洲相比，美国社会的捐赠文化更为突出。一方面，美国大众（包括普通人）都有固定捐赠的习惯，他们的捐赠额度并不很大，小到 10 美元，多到 1 000 美元，但是美国每年大约有3 000 亿~ 4 000 亿美元的捐赠，占美国 GDP 的 2% ~ 3% 。不仅如此，美国还有着富人捐赠的传统。“捐赠承诺”是目前世界上最大的富人捐赠计划，由比尔 · 盖茨和沃伦 · 巴菲特发起，签署“捐赠承诺”的富翁将把其所有财富的一半用于捐赠。那么，捐赠的动力究竟是什么呢?

卡耐基在其所写的《财富的福音》一书中说，有钱人的捐赠应该给社会树立一个榜样，这个榜样是谦虚朴素的，要避免奢侈。卡耐基显然在弘扬一种道德，也就是说，他的捐赠动力来自道德的影响。比尔·盖茨是世界上最富有的人之一，他建立了比尔和梅琳达·盖茨基金会，并为该基金会捐赠了两百多亿美元，这是美国最大的私人慈善基金会。盖茨先生是在他妈妈的影响下做公益的，他不仅仅是一个慈善捐赠家，而且是一个不折不扣的现代慈善公益学家。在很多情况下，我们会将美国的富人捐赠与避税联系在一起，也就是说，除了受理想和道德的影响之外，规避税收的功利主义也是捐赠的重要动力之一。的确有很多富翁的捐赠有着功利主义的动机，但不可否认大多数富翁的捐赠都有着和卡耐基、盖茨同样的追求。哈罗德·哈姆是美国的石油富豪，他在捐赠承诺书中写道:“‘捐赠承诺’将会大大鼓励我的妻子和我继续保持生活的热情，改善美国和全世界人民的医疗健康条件和健康机会是我们工作的重点。”

基于价值驱动的捐赠是最具道德化的捐赠。因为美国的富人阶级和中产阶级是美国社会捐赠的主体，因此很多人把美国的捐赠文化看作是资本主义和中产阶级的特殊现象，而实际上，美国人的公益捐赠历史非常久远。正如托克维尔所说，世界上没有任何一个国家能比美国人更喜欢私有财产，这与美国人的捐赠文化似乎存在着矛盾，因此，仅仅从一般理念上很难解释美国人的捐赠动力。从历史的角度看，美国人对待财富的态度受到了早期移民的影响。17 世纪到 18 世纪，大量东英格兰移民来到马萨诸塞州，这些移民大多是清教徒，同时还有从英格兰和威尔士移民来的贵格会教友。这些移民离开英格兰的主要原因是他们无法忍受英国的阶级分化和财富分配的不公平。这些移民在财富和遗产方面秉持平等主义的思想，他们对美国的社会意识形态乃至财富的分配都产生了重大的影响。比如在17世纪的马萨诸塞州，土地使用权的划分没有出现较大差异，在很多地方甚至根本没有佃户。在财产继承方面，法律倾向于把财产平均分配给所有的孩子，而不是像英国把财产都给长子继承。新教徒在新英格兰消除了英国的贵族阶级制度。贵格会教友在宾夕法尼亚州创造了平等的土地所有制度。很显然，美国的捐赠文化与美国历史上的宗教传统文化密切相关，这一点在美国的南部地区则完全不同。

一般来说，美国白手起家的企业家要比继承财富的企业家更加慷慨。这主要是因为自己赚钱的过程更能体会到机会的来之不易，以及他曾经有过希望通过别人帮助来渡过难关的深切渴望。一位“捐赠承诺”的签订人是成长于中产阶级家庭的富翁，在他的捐赠承诺书中写道：我们都毕业于公立学校，这样的教育为我们的成功打下了基础，我们对美国公共教育的现状感到吃惊，所以我希望通过我们的捐赠来改变这一现状。很多美国富翁都把自己的成功归因于机会和幸运。他们认为，自己和其他人并无根本区别。依靠教育、个人努力和平等的机会而成为中产阶级或富翁的美国人，对于自己财富的获得与这个社会为他提供的公平条件心存感激，因此，他们都愿意慷慨捐助，希望能为包括自己孩子在内的更多人提供发展机会。美国人的捐赠有着明显的资产阶级和中产阶级价值观的驱动，这一动力主要来自三个方面：一是他们相信他们的捐赠会使下一代的生活更好，因为他们就是这样一种理念和行动的受益者；二是他们认识到自己的成功来自幸运和所在社区的支持，他们希望回馈这样的机遇和支持；三是美国人深受财富不应该留给家庭和孩子的理念影响。

以上讲的都是美国人积极慷慨捐赠的原因。实际上，捐赠文化与国家的特定政治社会文化有着直接关系。美国社会的总体特点是先有社会，后有国家。欧洲移民最初到达美国时，那里没有政府，一切都要靠移民自己，这在很大程度上影响了美国政治经济社会的特殊性。在新大陆创业的过程中，移民们既需要通过个人努力，也需要通过相互帮助来克服困难，这就形成了美国个人进取精神和社区团结精神。直到今天，美国社会依然保持了依靠民间力量，而不是依靠政府维持社会秩序，发展经济、教育、卫生事业的传统，所以在美国有私立大学、私立医院、商业医疗保险、私人安全公司等。要支撑这样巨大的社会事业，无法仅仅依靠政府的拨款，必须依靠捐赠，所以，美国的私人基金会数量庞大。可以说，美国的公益捐赠在很大程度上支撑着美国社会的运行。美国普通大众的生活与公益捐赠之间有着密切的联系，尤其是出生于低收入家庭的孩子，他们的教育、医疗都离不开美国公益的捐赠，美国普通大众的日常政治生活也离不开公益捐赠。在美国这样一个“小政府、大社会”的环境下，公益的政治社会影响力非常明显，这为美国的慈善公益提供了巨大的市场，反过来也刺激了美国公益捐赠的增长。可以说，美国就好像是一个“慈善的市场”，也好像是一个“慈善家的乐园”。

中国人吝啬？

2017 年，中国在全球捐助指数中居第 138 位，全球被调查的一共有 139 个国家，无论这个指数是否科学客观，都需要我们反思。

腾讯公益发起的“99 公益日”众筹活动极大地调动了中国民间公益的捐助热情，它以简洁的高度技术化和符合青年大众的娱乐化形态，推动了中国公益向更大众化的方向发展。很多国外的公益界人士都对“99 公益日”活动期间全国的公益热情予以高度评价，他们纷纷表示

“这样的活动在欧洲是很难想象的”。高度技术化和娱乐化的公益筹资形态在几千万人的手机上转动，以及各种类型的公益高峰论坛的号召极大地传播了慈善公益理念，给中国的现代公益打上了鲜明的时代符号。在喧哗和热闹之中，我们看到上亿元公益善款流到各种类型的捐助项目中时，我们一定会觉得中国不仅仅是一个经济大国，而且也已经是一个公益大国。

但是，作为一个具有悠久慈善历史和慈善文化的文明大国，与世界其他国家相比，我们仍然被看成是一个“慈善小国”。根据英国慈善援助基金会发布的《2017 年世界捐助指数报告》（*CAF World Giving Index 2017*），中国在被调查的 139 国家中排名第 138 位，居倒数第二位（2020 年为 114 个国家中的第 95 位，有所进步，但仍然居后）。世界捐助指数（World Giving Index）是由该基金会开发的、用于对比全球各国慈善事业的比较指数，每年通过《世界捐助指数报告》发布。出于简便和易于对比等几个方面的考虑，该指数只选定了 3 个方面的内容：（1）是否帮助过你不认识的但需要帮助的人；（2）是否给慈善组织做过捐赠；（3）是否为一个机构提供过志愿服务。该基金会与全球顶级调查公司盖洛普合作，将上述三个问题导入到盖洛普调查系统，然后由盖洛普在世界各地展开调查。慈善援助基金会从 2002 年开始发布世界捐助指数。虽然，慈善援助基金会与盖洛普充分考虑了不同国家的实际情况，并尽可能地提取出最能够反映全世界慈善公益中的核心内容，但是这样的指数仍然不可避免有不同程度的偏颇，甚至失真。我并不是希望用这样一个指数来绝对地衡量不同国家慈善事业的发展。任何的指数与所反映的内容之间都可能存在着不同程度（有些时候可能会是很大）的断层。但是从世界捐助指数的内容来看，它仍然能够在很大程度上反映出一个国家的捐助趋势。

2017 年，按照世界捐助指数衡量的全球 20 强捐赠国依次是：缅甸、印度尼西亚、肯尼亚、新西兰、美国、澳大利亚、加拿大、爱尔兰、沙特阿拉伯、荷兰、英国、塞拉利昂、马耳他、利比里亚、冰岛、泰国、伊朗、赞比亚、德国、挪威。按照平均指数计算过去5年中的20强依次为：缅甸、美国、新西兰、加拿大、爱尔兰、英国、斯里兰卡、荷兰、印度尼西亚、沙特阿拉伯、肯尼亚、不丹、马耳他、挪威、冰岛、马来西亚、奥地利、科威特、德国、澳大利亚，中国依然无名。中国甚至都排不到前100名。中国虽然是世界第二大经济体，但由于人口数量大，人均GDP并不高，因此捐助指数显然不能与那些人均GDP远远高于中国的国家相比。但是，中国的捐助指数不仅低于大多数与中国人均GDP相近的国家，也低于类似印度这样的发展中大国（印度2017年世界捐助指数排名为第81位），更是低于很多经济发展水平很低的发展中国家。被排在138位的中国与自己的公益和其他很多国家的实际感受和对比很不相称，我对此指数的代表性也深表质疑，估计中国公益界也会质疑和反对。这样的排名在全球发布，让人联想到中国游客在全世界各地出手阔绰，也让人想到中国悠久的慈善历史和文化，所以无论这个指数是否科学客观，都需要我们反思。

尽管我们都在讲公益创新，我也在积极响应和实践，但这都是公益的工具性维度，而不是公益的实质性维度。我一直主张公益的实质是维护公平的隐形社会契约。税收是显性的强制性契约，但还不足以解决社会的公平，所以需要公益。公益虽然没有强制性，但有道义上的义务性。如果在所谓“公平”的条件下出现了福利的差异，比如你的身体好、受教育程度高、获得了高收入，有些人却因为身体不好或者没有受过很好的教育而生活艰难，这些主要应该通过税收的转移来解决，我们也没有义务帮着他们“致富”，但是我们有道义上的义务去帮助他们摆脱困境，同时，我们也需要这个补充性的义务，这就是公益的元问题。实现公益在确保社会公平上必要性的补充作用的基础不是绑架富人捐助，而是发育“人人公益”的社会价值，美国公益资源的80%都来自大众的捐赠。就这个角度上说，众筹的意义远远大于所筹集到的资金。富豪捐助多少都是好事，如果腾讯能够动员十亿人都参加“一元公益”，那我觉得腾讯可以被提名“诺奖”，我期待新技术能够让中国“人人公益”的时代尽快到来。

扎克伯格的“裸捐”

2015年，脸书（Facebook）创始人扎克伯格“裸捐”450亿美元财产用于慈善事业的消息引发全球热议。这是继2010年130名美国富人及其家庭签署了“捐赠承诺”后，美国超级富豪的又一义举。扎克伯格夫妇的声明之所以那么引人瞩目，不只是因为捐赠规模，还因为他们年龄不大。巧合的是，同年12月4日发布的《2015年中国企业家公益行为研究报告》称，超过七成中国企业家捐资为零，可谓“一毛不拔”；中国企业家捐赠占财富总额的比例不到百分之一；而互联网行业“最慷慨”。这一结果与扎克伯格夫妇在此年纪而有此善举、130名美国富人及其家庭的“捐赠承诺”形成巨大反差，继而引发了又一波对中国富人慈善行为的道德拷问。

徐永光2010年8月17日在“基金会中心网”上发表的《中国富人不急于学美国富人捐财产》一文，针对盖茨、巴菲特联合发起的“捐赠承诺行动”，提出了当下中国富人首要的社会责任不在于捐赠多少，而在于履行提供合格产品、保护员工权益、承担环境保护责任等强制性社会责任的观点。“如果用挣来的不义之财捐款，那不是慈善，是伪善”，徐永光的论述涉及社会部门分工责任次序的关系，涉及强制性义务和自愿性义务的伦理问题，我深表同意。基于中国富人的捐赠数据，特别是对比扎克伯格的“裸捐”，对中国富人提出捐赠的呼吁不能说不恰当，因为中国富人与美国富人相比，的确捐赠不多。但是，抛开中国的历史和社会文化条件，把公益等同于财富的捐赠，把捐赠集中聚焦到中国富人身上，则会使捐赠倡导的呼吁走向极端和偏颇。把中国富人没能像美国富人那样慷慨捐赠归因于中国富人的吝啬，并继而将中国捐赠文化的落后都归因于中国富人对财富的贪婪，也实有不公平之处。

我在一系列关于公益的杂文中对国人的财富观进行过评论，其中也不乏涉及富人捐赠的问题，但我没有就公益捐赠的文化社会问题做太多的讨论。中国公益捐赠的落后实际上有着深刻的历史、政治和文化根源，中国的富人和普通人都是“历史的和文化的中国人”，当一个年收入有 10 万元的普通中国人每年连 10 元钱都没捐过，那么我们有什么理由要求那些千万富翁裸捐呢？我过去不太理解所谓逼捐的道德性争论。2015 年“99 公益日”在为我发起的公益项目众筹时，我当时觉得我可以很容易地动员每个人给我的项目至少捐 1 000 元，因为这 1 000 元对于那些能给我提供捐款的群体来说实在是微不足道，后来我发现这个判断是错误的。是否捐赠、捐赠多少与有多少钱完全没有关系，而是和我们对待财富的观念直接相关。“我挣钱不容易，为什么要捐给别人”“捐赠不是我的义务”“不能搞道德绑架”，这些关于财富和捐赠的观点几乎得到了国人的普遍接受。富人毫不例外地也接受这些观点，普通人因为这些理念连 1 000 元都不捐，我们实在无法说服富人捐赠。我并不赞成阻碍捐赠的这些观点，我认为这些观点恰恰反映了中国大众的财富观念，也直接影响了我们的捐赠文化。当一个社会缺失财富的捐赠文化时，拷问富人为何不捐赠是不道德的，我甚至觉得这背后是否还有“劫富济贫”的恶念和平均主义的动机。

个人财富的积累和处置在中国和美国的历史完全不同。从中国来看，中国虽然在不同历史时期都有富翁的出现，民国以后也的确出现了一些比较富有的家族，但总体上说，中国没有出现数量很多因资本主义快速发展而通过大规模获取剩余价值致富的“资本家”。在以农耕为主的社会中，相对富裕群体财富累积的主要来源是地租，这些富人的财富水平与平均财富水平的差异并不悬殊，而且其财富的很大部分还得用于维持再生产。土地租用的同时也形成了地主与佃户之间的社会关系，这里面虽然也存在一些慈善的要素，如地主往往都会给予佃户一定的帮助，大灾之年富人往往会放舍饭等，但这都是非常初级的人道主义行为。在生产力变革进程缓慢的历史条件中，社会总体财富积累相当缓慢，社会中每个人追求财富的努力都受到传统生产力结构关系的制约，因此，客观上也不存在能够在经济上左右社会的富人群体，所以也就缺失所谓的富人捐赠文化（不能说中国完全没有富人捐赠文化，实际上民国时期江浙富人的捐赠是很活跃的），这就如同工业革命之前的欧洲，没有像美国今天这样活跃的富人捐赠文化一样。同时，由于缺乏个体创业致富的条件，个人福利很大程度上又取决于家庭财产的继承，所以也缺乏捐赠的社会经济基础。中国现在的富人无论从数量还是财富额上都能算是中国历史上个人和家庭拥有财富之最了，他们掌握着现代的财富，留存着传统的财富意识。不仅是富人，我们每个人都是这样的，给孩子存钱、给孩子买房等等。我们普通人处理10万家产和富豪处理亿万家产的方式其实如出一辙。而且在长期普遍的贫穷条件下，由于大多数人很难通过自己的勤劳致富，在终日辛苦却获得很少与通过不劳而获的继承财富状况并存的情况下，容易产生仇富心理。我这样说好像是在为中国财富的捐赠缺失找借口，为富人的不慷慨行为作辩护。实际上，我恰恰说的是富人慷慨的捐赠要建立在大众普遍接受公益文化并以不同方式践行公益的基础之上。在这个基础之上，我们有理由要求富人承担起应有的社会责任，而且可以要求他们承担更多的责任。

从某种程度上讲，中国在很长一段时间内都是“国家富有”，尤其是在新中国成立以后的很长一段时间内。在全民所有制的体制下，不存在私有财产的处置问题，国家做了所有的“公益”，因此也就无从说起捐赠。与中国不同的是，美国是一个先有社会、后有“国家”的国家。欧洲人从17世纪开始带着各种梦想来到北美创业，国王和女王只不过是一个象征性的符号，并无实质性的“国家”存在。到了北美的欧洲人（以英国人为主）的生活和生产都必须通过自我努力和社会成员的相互支持来保障，这就发育出了美国人依靠自己而不是国家来提供社会基本服务的社会价值观。在欧洲人移民北美的定居点上，建立的道路、学校、医院、教堂等社会基本服务设施，都需要移民自掏腰包。这就逐渐形成了美国以捐赠为特点的公益文化。我这里不是说中国历史上没有公益文化的要素，而是说我们今天对比中国富人和美国富人的公益捐赠需要考虑到美国公益文化形成的历史和社会条件。我也不是说中国富人不应该捐赠，而实际上，中国富人也正在开始以不同的形式从事慈善公益事业。我想说的是，美国富人的捐赠恰恰是美国公益大众化的一个组成部分。20世纪初，美国劳工家庭大约有10%的收入会捐赠给教会，还有3%~5%的收入会捐给其他公益事业，今天美国公益资源的80%以上都来自普通家庭的贡献。因此，如果认为只有富人才有能力捐赠，那么这个社会的公益是无法和谐的。只有社会的所有人都很自愿地根据自己的能力为公益做出贡献，只有当公益的捐赠成为一种普遍的共识，富人才会变得不那么“吝啬”。这也是我倡导“大众公益”的主要原因之一。

对于公益文化的历史性解释，是历史唯物主义的框架。按照此框架，公益和任何社会意识形态一样，都建立在特定的历史和社会经济条件之上，但这仍然不是理解中国、美国富人捐赠不同的全部原因。美国特殊的公益文化还有其宗教的原因。当英国的财富在剧烈的社会变革推动下发生改变的时期，清教徒们鄙视普遍存在的对财富积累的态度和对财富继承的处置方式。他们希望在另外一个地方建立一个“干净的国家”。他们从英国跑到荷兰，但觉得那里也不是理想之地，最后他们选择到北美建立这个理想之国。清教徒们乘坐“五月花”之舟到了今天的美国，他们当中只有几十人在恶劣的环境中生存了下来，这些人最后延续出了数千万人。很多美国的名人，如布什、克林顿等，都可以在这群人中找到他们祖先的痕迹。他们认为创业就必须节约，反对纵欲和贪婪，他们在商业中诚实守信，珍视荣誉，他们把自己看作是上帝财富的守护人，所以他们追求财富的最大化，但是这些财富必须回馈社会，用于社会的正义和公益事业。清教徒抛弃了那种财富在家族中传承和对社会冷漠的财富观念，为美国社会输入了捐赠文化的基本要素。当初到北美的移民中有各种类型的人，很多都是连字都不识的穷人，而清教徒则多是所谓的知识分子和精英，他们主导了初来北美移民的社会秩序发育和社会意识形态的形成。公益思想也是其中最为重要的内容。我这里讲的似乎有公益捐赠宗教决定论的嫌疑，但是，清教徒的宗教思想的确对美国的大众捐赠有非常重要的影响。我们常常将中国和美国的公益做比较，也常常把美国的公益实践作为我们公益事业的坐标，这没有任何的不对，但是我们的确需要了解公益在中国和美国是如何生根发芽的，这样有利于我们思考中国公益捐赠文化将如何发育。

中国社会的大转型正在重塑社会与国家的关系。社会问题的不断出现单单依靠国家无法很好地加以解决，公益的空间越来越大。我们不可能通过宗教来建设中国的公益文化，但是我们需要寻找属于中国的公益社会资源。从中国文化里寻找中国公益的传统社会资源，从中国发展的实践中寻找新的公益资源，这都会促进中国公益事业的发展。

劝捐与道德绑架

我从 2015 年开始算是真正地做公益，从 2015 年到 2017 年，我和同事们在每年的“99 公益日”都做众筹。我的家人、同事、朋友和学生都参与过我的众筹计划。我的一位学生，在三年中都积极地为我的公益项目筹款。这位学生平时就特别乐于助人，她帮助了很多很多同学，也帮助了很多很多她的学生。有一天，她跟我说：“李老师，我过去没有这样做过公益，也没有真正为任何公益项目筹过资。这次我为河边村公益项目筹资，震动很大。”我问对什么震动很大？她说：“平时我帮助过的很多人，当我把众筹微信公众号发给他们时，有好多人居然连反应都没有。”我有一个喜欢助人为乐的同事，身边有很多富人朋友，她也是河边村公益众筹的重要支持者。她跟我说：“李老师，我真没想到，一些朋友收到我的众筹邀请后，有的保持沉默，有的开玩笑说你也帮我筹一点吧。”我的这位同事对此十分不解。当然，这也不是一个绝对的普遍现象。我对我的同事及学生说，捐赠公益，纯属自愿，不能搞“道德绑架”。我在一个公益会议上针对捐赠这件事曾经说过，捐赠当然是自愿的，但这并不意味着漠视他人的痛苦而袖手旁观是道德的。我们经常说的“不要道德绑架”其实也只是一种无奈而已。事实上，“道德绑架”是漠视他人痛苦的一个借口。公益新秀刘洲鸿曾在一次会后告诉我，“李老师，我听了你的发言，第一次认真地反思道德绑架这件事”。刘洲鸿是“希望工程”培养出来的公益实践者，他又在香港的大学读了公益方面的博士，是理论和实践一体的青年公益领袖。他说的对“道德绑架”的反思可能和我讲的“道德绑架只是漠视他人痛苦，袖手旁观行动的一个自圆其说的借口”这一想法有关。从一个人的社会行动逻辑看，无论捐赠还是不捐赠，都有其自身的理由。按照捐赠与不捐赠的自身理由来判断捐赠，无法阐明社会捐赠的伦理问题。一个社会的秩序不能全靠法律来维系，事实上，正如涂尔干所说，当个人的道德行动与社会道德规范一致时，这个社会才是一个常态下的社会，否则社会就出现失范。涂尔干并不赞同宗教情景是社会生活的象征性呈现，恰恰相反，宗教是将人的道德行动与社会的道德规范相互关联的社会制度体系。我们当然不能简单地把捐赠与否和宗教直接联系起来，但是，嵌入到人的精神世界中的宗教戒律对社会行为的影响十分巨大。

基督教对于西方人的精神塑造有着极为重要的作用。与此同时，基督教的戒律则是西方人社会行为的规范框架，这超越了一般意义上的信仰。《圣经·新约》里有一个关于寡妇奉献的故事，故事的大意是耶稣在观看人们的募捐时，他看到富人把他们要捐的放到了捐赠箱中，这个时候他也看到了一个贫困的寡妇捐了两枚小额的铜币，耶稣说，“我实话告诉你们，这个贫困的寡妇捐出来的比所有人的都多。因为，其他人都是把自己多余的捐了出来，但这个寡妇捐的是自己不足的，她几乎把自己一生的钱都捐了出来”。我从寡妇奉献的故事里发现，耶稣对富人是相当苛刻的。我曾经说过，我们对于富人拥有财富和过上比其他人更好的生活，甚至过着与穷人天壤之别的生活，都予以了宽容。那么，富人能不能把在维持自己好生活之外的财富捐赠出来，或者当他人有困难的时候富人能够在不影响自己好生活的情况下帮助穷人？如果这样富人都不愿意伸出援助之手，那么劝他们伸出援助之手不应该算是道德绑架。耶稣用这个贫困寡妇的行为来对比富人的捐助，以我们的日常实践来说，显然是一种道德绑架。我不知道今天在西方社会还有多少人读《圣经》，但是西方人的福利性国家是建立在制度性捐助基础之上的，也就是高的个人所得税。美国人，虽然没有欧洲福利国家那样高的个人所得税，但是美国普遍的个人捐赠慈善公益的实践显然也与耶稣的教诲有关。我们当然不能说只有基督教的社会才有捐赠，向遭受苦难的群体伸出援助之手是人类社会的普遍社会实践。这里并不是想证明什么样的社会才有捐赠，而是想讨论在捐赠实践中出现的道德绑架问题。无论从哪个角度看，道德绑架都是一个复杂的社会文化现象。分析一个人、一个群体愿不愿意把自己多余的财富捐赠出来，甚至把用于维持自己生计的所得也捐赠出来，都是特定的社会文化问题。我们通常讲西方人普遍具有公益捐赠精神，但是在欧洲，个人向慈善组织捐赠的份额要远远低于美国。阿尔贝托·阿莱西纳（Alberto Alesina）等人在他们写的《美国欧洲反贫困的差异》（*Fighting Poverty in the US and Europe：A World of Difference*）一书中提到，欧洲人的慈善更多反映在高税收上，而美国人的慈善更多反映在个人向慈善团体的捐赠上。同时，我们也注意到，在基督教影响深远的非洲，个人的捐赠也很少。很显然，捐赠是一个非常复杂的社会经济和文化现象，但是我们又不能否认，耶稣的教导在暗示我们牺牲自我而帮助别人才是真正的美德。

捐赠的政治

美国前总统卡特在 2004 年 2 月明尼苏达州圣奥拉夫学院讲演中说，美国人对世界的困苦漠不关心。卡特先生讲的似乎和托克维尔对美国的印象截然不同。著名公益学家、美国雪城大学教授亚瑟·布鲁克斯认为卡特和托克维尔都是正确的，就慈善公益而言，美国就是两个国家：一个是慷慨的美国，另一个是冷酷无情的美国。这里涉及捐赠的政治问题，捐赠的政治背后又涉及通过税收再分配缓解收入不平等的问题，捐赠与通过税收再分配交织在一起构成了捐赠的政治问题。

在美国曾有过一个民意调查，其问题是政府是否有责任通过税收减少收入差距，结果表明43%的人不同意，33%的人同意，还有个问题是是否愿意捐款，结果显示反对政府承担责任、减少收入差距人群是同意人群平均捐款额的4倍。在美国，保守主义者反对政府增加税收，反对政府承担更大的责任。这一群体在美国社会往往被看作是一个冷酷的群体，但实际上，他们却更倾向于捐出个人的财富。相反，那些活跃于公共事务的自由派人士，那些倡导政府承担更多公共事务、倡导社会正义的自由派人士，反倒更不倾向于捐出个人财富。2001年的民意调查同样显示出75%的人同意政府有责任关心那些没有能力照顾自己的群体，比25%持反对意见的人在实际捐款上要少得多。这一现象同样也存在于有关志愿服务方面，进一步的调查发现那些支持政府承担更多社会责任群体的平均收入往往低于反对政府承担更多社会责任群体的平均收入。这一调查结果似乎在表面上暗示了低收入群体更倾向于由政府承担更多的责任，但实际上显示了相对低收入群体在没有政府强制性分配政策条件下，他们对于是否能够获得支持存在不确定性。这就是所谓捐赠的政治。因为，高收入群体反对政府提高税收，他们反对的理由是一旦他们的财富被政府征税，那么他们对自身财富使用的影响力会下降，因此宁愿提供捐赠也不愿意被政府征税。

富人宁愿选择捐赠也不愿意被征税的主要原因可能在于，他们认为政府会乱花他们的钱。在纽约州的奥尔巴尼市可以看到“乔·布鲁诺体育场”，这个体育场以当时纽约州参议院多数党领袖乔·布鲁诺的名字命名，但是这个体育场是花费了纳税人1 400万美元建立的。美国有大量类似的以人命名的学校、服务中心和停车场等，政治家们不从自己的腰包掏钱，而是用纳税人的钱做公益事业，自然会引起纳税人的不情愿。富人没有理由容忍另外一个富人用自己的钱做公益，这是捐赠政治的一个方面；另一方面，富人更倾向于捐赠可能也有自身的考虑。尽管很多美国的捐赠大亨都为自己捐赠的动机写过感人的词句，但是无论心理学家还是公益学家都很难真正挖掘捐赠人的真实动机。经济学家喜欢讲利益，政治学家喜欢讲权力，我们按照他们的观点分析为什么很多富人喜欢建立自己的慈善基金会，这里恐怕离不开依托自身财富来影响社会的个人政治动机，实际上美国各种各样的政治基金会的确如此。美国金融大亨索罗斯的基金会就是在资助全球的民主活动。富人们希望将自己的财富更多地用于捐赠的主要理由是他们担心失去对自身财富的控制。虽然捐赠者将自己的财富用于公益事业，他们恐怕还是希望对财富的使用进行控制，这一控制的过程自然会影响公益事业的发展。说到美国在慈善公益上是“两个国家”，其实说的也是慈善公益的政治问题。我们在表面上讲美国的公益收入大多都用于教育、卫生等公共事业，我们也讲美国公益呈现出大众受益的特点，但是从捐赠的政治角度看公益的议程还是掌握在富人手里。

中国人往往迷信制度，总觉得民主制度下大多数人都是民主的公民，其实不尽其然。富人通过公益影响社会议程，正是资本主义政治社会生活的另一面，谁能保证那些掌握着巨大财富的富人建立的各种基金会必然会造福社会的每个人呢？谁能保证这些富豪的个人理念就一定能够有益于社会的发展呢？美国政治在很大程度上都受各种各样政治性基金会的影响和左右，富豪不仅通过在国会的代表影响国家的政治，同时也通过各种公益组织控制着社会的政治，这也是左翼民主人士对美国政治进行批判的主要原因。如果把话题扯远一点讲，激进的马克思主义者为什么要进行无产阶级革命，为什么有人会提出人民的政治，其道理也在于此。也许人民的政治是一个浪漫的理想，但它也的确是一个对抗寡头政治的社会变革替代方案。捐赠的政治核心是资本问题，背后隐隐约约呈现着资本人的贪婪，这种贪婪不仅在于他们如何集聚财富，也体现在他们通过资本对公共事务的影响。小的时候，讲资产阶级的博爱是虚伪的，那个时候不懂为什么，在面对资本这样一个复杂体的现实面前，似乎能有一些答案。捐赠的政治似乎让我们觉得公益也是一个政治的过程，同时看到公益领域内也不全是由资本人决定一切。资本人本身也是一个社会化的个体，不能说他就是一个完全自私贪婪的资本人，他也会受到社会公平正义等方面的影响，所以我一直强调慈善公益是一个社会道德的产业，这意味着社会上每个成员包括富豪在内都有着按照社会公平正义来决定自己行为的道德义务。我对比尔·盖茨个人并不了解，但我对盖茨基金会有所了解，我不能说比尔·盖茨是一个完全倡导公平正义的资本家，但是他致力于全球公益事业的的确确在维护人类的公平正义方面做着巨大的努力。

第三章　公益的纠结

无论是被称为公益原教旨主义者的康晓光先生，还是对传统慈善持批评态度的公益领袖徐永光先生，都从来没有质疑过慈善与公益的元使命。但是当慈善和公益成为一个普遍的社会行为时，慈善公益究竟要解决什么问题，究竟会带来什么样的社会结果，不同的公益人、不同的学者之间会产生争议。公益这个行业不同于从政，也不同于经商。似乎社会对商人的期望就是发财，除非商人违法，否则社会很少追究他为何发财，即使对有些涉及我们平常人所说的道德问题也都比较宽容。公益这个行业却截然不同，有人问，为什么公益行业的丑闻这么多，其实并不是公益行业的丑闻真的多，而是社会对于公益行业的道德预期比较高。慈善公益的实践形态是利他的，这就在客观上使慈善公益成为"道德产业"，但同时，这样大的产业的从业人员又都是普普通通的人。这些人首先是一个"自然人"，其次才是一个"道德人"，这就造成了慈善公益众多困惑的行为悖论。国家体系，如政府，也基本上是不生产资本的体系，但是国家通过一系列的法律规范了政府的行为，确定出政府的"道德规范"，如什么级别的官员可以乘坐头等舱和经济舱。在企业中，如何花钱就显得更为宽松。但是设想一下，如果一个公益组织的领导者一旦被披露乘坐头等舱、住五星级酒店，估计就会成为丑闻。当然，公益组织也有自律，公益组织也有监管的依据。

公益属于公众

我曾在追忆朱传一先生的一篇短文中提到了“朴素公益”，很多公益同人对此都有回应和评论。我想要申明的是，这不是一个经过严谨思考的学术概念，而是个实践问题。我想就这个问题再做些说明，和大家分享。

首先，我讲的“朴素”，主要是指公益大众性的问题，而公益大众性是指公益文化更大程度的包容性，也就是说，大多数公众能从公益活动中找到对自身的认同。我在 1996 年曾造访过天主教背景的德国明爱。那个时候我和国际 NGO 联系很多，为很多国际 NGO 在其他国家做咨询。晚饭的时候，我问他们钱从哪里来，得到的回答是政府给他们拨款。同时，他们很多的钱也来自个人的捐款。我说，你们德国人富有啊！德国朋友回答说:“不是的，我们每年都有一个‘牺牲日’。很多政治家、富人，还有很多没钱的人，甚至监狱服刑人员都会节约一瓶啤酒的钱捐给我们。”他笑着说：“你们中国可以每人节约一根烟啊。”国际上很多公益组织的固定资助或者说核心资助，大多来源于小额终身捐助。在公益发达的国家，除了富人的大额捐赠外，大众的定期小额捐赠在公益资源中占到了很大比例。像国际计划和行动援助这样的国际公益组织，他们很大一部分资金就来自“儿童资助计划”

（Children Sponsorship Program）。2001 年我访问英国农村时，发现村子里的很多农民都长期捐助这些组织。我在荷兰奈梅亨大学的老师，在我认识他的几年里没换过几套衣服，也没请我吃过饭——我一直觉得他真是个吝啬的荷兰人啊。一个和他熟悉的朋友告诉我，在他去世后，人们发现他的工资都捐给了秘鲁的农民运动。这些都让我思考国内的一些情况。虽然遭受大灾大难时，我们也是人人捐款，但是一般来说，在国内说到公益总是指有钱人捐款，没钱人花钱。这也折射出我国公益资源的结构性问题。富人捐赠无疑是公益事业重要的资源，也是这几年我国公益事业迅速发展的重要因素之一，但是公益资源来源的相对单一，会影响公民社会的健康发育。由于缺乏其他公益资源的平衡，依赖富人捐赠的状况一方面影响公益资源供给的可持续性，另一方面也会弱化公益资源使用者的话语权，导致资源供给和使用的关系失衡，造成公益文化的扭曲。大众公益不仅是指人人当义工，也是希望人人都能成为捐助者。

公益的大众性缺失不仅反映在资源的供给不足，还涉及公益如何促进和谐社会的构建。首先，谈到这个问题就不能不回到我以前曾提出的“三民”：民间指的是大众，民主是机制，民生是目标。大众按照民主的原则践行民生，就构成了公民社会的主旋律。公民社会按照民主方式践行民生，就会产生政治化的效应。因为政治集团里的人同时也是大众中的一员，他们的政治理念自然会受到社会的影响，这就是公民社会的力量。虽然亨廷顿认为非组织化和非政党化的公民社会运动不一定有利于社会秩序的建设，但他是政治学家，过于强调政治制度和组织问题，从而忽视了人的社会化因素。公民社会力量不一定必然要通过组织化竞争和抗争来表达公民诉求，强大的日常公益行动会影响社会中的每个人，民主和民生会通过公益行动自然融入政治体系。大众公益的缺失导致公民社会力量的薄弱，使公民的诸多诉求无法通过公益行动消化，将矛盾转移至国家和市场，最终会加剧大众与国家和市场的冲突化趋势。这也是我国一旦出现问题都在指责政府和市场的重要原因之一，也许这就是我理解的很多同仁倡导“人人公益”的政治化含义。

其次，“朴素公益”也涉及公益文化问题。一个能穿越不同阶层的公益文化是大众公益的凝结剂。公益文化代表了大众从事公益事业的价值取向，同时又影响大众是否能有效地参与公益事业。公益涉及社会正义，涉及人的终极关怀，这是公益文化的价值维度。在这个维度上，大的社会事件往往能直接唤起大众的公益热情，特别是在媒体发达的今天，汶川救灾就是很好的例子。但是，大的社会事件毕竟不是每天都有，而公益更多关注的是大众日常生活的需要，如救助贫困群体、帮助处于困难中的弱势群体等，这些都需要事先有公益资源的准备，所以公益组织都要为此进行筹资，而筹资则涉及采用什么样的方式来唤起大众的公益热情，这就触及我说的“公益文化”。有时候，大众对我们的很多公益活动不以为然，我们往往把他们的抵制归结于对慈善的冷漠，这实在是不公平。其实，我们对植根于自身文化的公益价值的挖掘很不够，对于能穿透不同阶层的公益文化形态也缺乏很好的研究和实践，这就很容易导致公益文化的断层问题。西方的公益活动与他们大众公益文化偏好的一致性很高，这也是他们公益事业发达的一个重要原因，所以，“朴素公益”的“朴素”在于它大众文化的亲和性。当然，我不排斥公益文化的多样性，特别是在我们这样一个分层明显的社会，确实需要有适合不同群体的文化形态。我要强调的是，公益文化不应该专属于某些阶层。

最后，公益文化的大众缺失也与公益资源的分配有关。公益资源的分配涉及在地域和不同公益活动中的配置等方面。就地域分配而言，我们的公益资源更多地集中在城市和发达地区，边远地区和乡村获得的公益资源很少。我们常常可以看到，在城市社区有很多关注退休老人的公益项目，但是几乎看不到在贫困的乡村有任何类似的项目。这与公益发达的欧美国家的情况完全不一样。欧美的公益资源，特别是人力资源都集中在第一线，公益机构的基本条件不管是在大都市还是小地方，差异都不大。虽然志愿者到乡村工作与在城市工作会有差异，但这样的差异实际上并不是那么明显，也不会成为公益人员流动的障碍。我们的情况是城市的公益条件很好，在城市从事公益与在政府部门、公司里工作有差异，但是差异不大，甚至在后现代文化的影响下，很多青年人觉得从事环保工作、帮助有需要的群体是一种时尚。而在公益资源严重缺乏的农村落后地区，公益机构设施条件堪忧，令人心生不忍！很难设想，会有很多青年人愿意投身这样的公益事业中。从这个意义上说，公益资源分配的不合理也加剧了公益文化的都市化和精英化，而公益文化的都市化和精英化又强化了公益文化的断层。同时，大量的公益资源投入到“公益娱乐”中，为了吸引年轻人，各种现代和后现代形态的公益活动层出不穷。

其实，公益需要的是爱心、诚心和对自己与社会的责任心。事实上，一个能将这些要素传递给社会大众的公益文化形态并不需要过于复杂和热闹，而这样一个适合大众的公益文化则需要我们有敏感性地去实践，这也是我说的“朴素公益”的重要内容之一。

公益人是“圣人”？

2016 年，我参加了在上海举办的第八届中国非公募基金会发展论坛，盛会吸引了近千人参加，与我 20 世纪 90 年代开始接触公益社会组织时的情景相比，简直就是两个世界。这一盛况反映出中国社会公益组织的跨越式发展。

值得一提的是，社会公益组织的快速发展，没有以削弱国家和市场的力量为代价。因为在过去几十年国家、社会与市场的互动中，中国的国家力量和以国有企业市场化、私人企业巨大膨胀为代表的市场力量，取得了惊人发展。社会公益组织的发展、国家治理能力的改善、市场力量的扩张，三者共同构成了中国社会现代化进程的基本动力。

社会公益组织的急剧扩张，一方面会继续与国家力量和市场力量协调共进，同时也会与之产生摩擦和矛盾。由于中国的国家主义文化具有穿透社会的历史传统和现实的政治基础，因此，国家、社会和市场的边界在很多时候比较模糊。这为构建国家、社会、市场的和谐互动关系提供了条件，但由于这三者之间在政治实践和价值诉求方面存在差异，因此，它们之间的张力也会为社会公益的未来发展埋下不确定的隐患，需要更慎重地思考推动社会公益事业进一步发展的基本机制问题。

我在论坛中提到了新格局下，社会公益组织发展面临的不少挑战，包括建立公益文化，面对公益异化，以及法律问责。我认为中国社会公益发展的根本，可能在于社会公益组织是否能做到自知、自觉和自律。

我提出这一问题的主要原因是，一方面，社会公益领域的问责机制必须进一步完善。目前，社会对于国家、市场的两面性认识是相对清楚的，而且具有很高的警觉性，针对国家和市场主体的问责机制也相对健全。虽然社会公益领域一直都有各种条例以及最新的法律体系，但是，社会公益行动常常会产生“善恶共生”的现象，这一现象阻碍了明晰问责的履行。社会公益领域自身的固有价值诉求和文化符号产生的“道德高尚的天然性”，以及公益人自身那种道德绝对性，都会导致对社会公益行动问责的放松和外部强制性问责的弱化。

另一方面，社会公益行为与国家和市场之间在很多情况下存在结构性张力，缺乏严肃的自我约束机制，可能导致社会公益被国家力量和市场力量利用，发生异化。因此，发育以自知、自觉、自律为核心的内在约束机制对于社会公益事业的发展具有很重要的意义。

公益的价值理念从里到外都是神圣的。无论传统的慈善，还是现代的公益创新，无一不彰显着人类社会的公平与正义的价值。我曾经开玩笑说，上帝真的是最喜欢慈善。西方慈善公益的最初形态都是教会组织发起的，宗教也一直主导着社会公益的价值伦理。在东方，诸如佛教、道教更是注重在社会中践行慈善。很显然，社会公益的本质建立在公平和正义这个尺度上，与保障这个目标的国家组织、创造财富的市场组织显然不同，这也是我们会产生社会公益天然的“道德高尚”认知的原因。相应的，慈善公益型组织和公益从业者很容易被贴上“道德高尚”的标签。问题在于，社会中的人进入到公益组织以后，是不是就自然成了道德高尚的人呢？

很显然不是的。一方面，社会公益本身的道德伦理会约束进入其中的人遵循公益的伦理，慈善公益精神具有强大的社会彰显性和普及性，因此我们看到很多人在公益组织里都会不同程度地重新塑造个人的价值取向。另一方面，自然人也会把不符合社会公益价值取向的思想和行为，带入到社会公益领域，这突出地反映在社会公益组织的人格化方面。社会公益领域不会无视人基本的生存和发展需要，这也是我们强调公益人的工资和待遇不应该太低的原因。我们已经给公益领域确定了比较宽泛的行为尺度准则，也就是说，我们对于社会公益的人格化有相当的容忍度。但是过度的人格化会导致公益组织的异化，在极端的情况下会出现公益组织社会伦理的丧失。社会公益价值伦理在社会公益组织内部，由于自然人的存在发生了人格化，甚至异化的现象，成为影响社会公益生命力的重要因素。公益组织存在高度的“道德高尚”掩护又会麻痹公益人的自知，让公益人觉得自己就是道德的化身。

“社会公益人格化可能导致异化”这一基本认知的缺乏，直接影响公益人的自觉和自律。因此，公益机构对于道德失范的免疫力，首先来源于公益组织和公益人对“道德高尚并非天然存在”的高度认同和警觉。

社会公益是人类克服自身邪恶与负面行为的一种意识形态和道德实践。社会公益的意识形态力图将公平正义的正能量贯穿于社会的关系构建之中，然而社会中的邪恶与负面往往是不可避免的。这势必造成社会对公益价值理念的侵蚀，在此条件下，仅仅依靠对异化的认知并不能必然避免社会公益价值的流失；相反，即使那些对异化有深刻认识的公益人，也可能不自觉地推动公益价值伦理的异化。所以，社会公益的生命力还在于公益组织和公益人对公益价值伦理自觉地维护和践行。

无论现代公益如何发展，都不能够避免捐赠的问题。公益的实践形态很多，但核心还是财富的分配问题。捐款和劝捐，是每一个公益人都无法回避的实践问题。但是，在捐款与劝捐的实践中有一堵“道德绑架”的大墙，经常阻挡着公益人去穿透社会，建构健康的捐赠文化。往往一句“你不能道德绑架”，就会堵上我们欲张的“金口”。我们认同捐赠是践行社会财富分配的重要手段，也认同不能进行“道德绑架”的理念。我们不能鼓励“只要我捐赠，你也要捐赠”这样一种实践，但“道德绑架”在很多时候是不愿意捐赠的借口。公益人如何抛弃那点面子，有理有据地说服社会大众捐出他们的一部分财富，则是公益人自觉践行公益价值的问题。再比如我多次说的，既然捐赠是社会公益的重要内容，那么有多少公益人自己在捐赠呢？

除了这些实践，自觉性问题的核心还在于，我们能否自觉抵御导致公益机构和公益人过度人格化的因素？人格化的尺度非常宽泛，很多情况下并不一定属于严格的问责范围，但是，点点滴滴的过度人格化对公益价值的侵害，则是非常隐性的。我们的不自觉行为会慢慢将公益实践带入偏离公益价值的轨道。

仅仅依靠自知、自觉对维护社会公益的生命力也是不充分的，所以我提出了自律。与自觉不同的是，自律具有某种强制性，但这个强制性来自内部，而不是外部，也就是说，你能在欲行的事面前止步。自律是对有可能超越社会公益组织给定的人性尺度的行为约束，越过这个尺度，也就越过了社会公益的道德容忍度。这一约束对于社会公益的生命力来说至关重要。

第一，尽管公益本身是神圣的，但是它的物化存在不是圣殿，我们没有办法让公益人都成为圣人，所以才通过一系列制度性的安排，让公益人首先是一个人。也就是说，我们认可公益人是一个生活在现实中的社会人，我们给公益人应有的社会荣誉、体面的经济生活和应有的职业激励。

第二，由于社会公益从事的实践在本质上具有神圣性，这个实践很容易麻痹公权力问责机制的嗅觉。一般情况下，对公益行为的社会监督不像对其他公权力和市场性行为的监督那样严厉。在很多国家，甚至都没有严格针对社会公益行为的法律体系，即使存在严格的监管法律和条例，但由于社会公益在实践层面往往十分复杂，很多隐性的破坏公益价值的行为容易披上道德的外衣，甚至很多的公益实践还可能违背公益的价值取向。因此，社会公益领域事实上很容易发生道德失范的行为。这就是为什么社会公益往往会强调自律，因为任何一件进入社会视野的公益问责性事件，都会严重损害公益的生命力。在我们过去公益事业迅速发展的20年中，已经出现了太多这样的案例。

社会公益的自律，分为集体性自律和个体性自律两个方面。集体性自律是基于公益行动者对公益行为边界的认同与共识，但集体性自律并不必然避免公益的失范，还需要个体的自律。自律行为是先于正式法律约束的自发强制性行动，这是社会公益作为主导社会公平正义部门的必然要求。因为无论我们如何承认公益组织和公益人的人性，就社会公益领域自身的价值而言，其健康发展都不能单单依托正式法律制度的监管，而应建立在公益组织和公益人的自律基础上，否则，社会公益在社会中的道德引领作用将无法充分发挥。

公益组织的异化

我在 2015 年写的短文中，曾经提到公益组织专业化的重要意义，公益行为的基础在某种意义上是社会的自发性行为，是社会的自组织行为，比如自然灾难发生时人们会自发组织去赈灾。

我曾经见到路边发生了车祸，很多人自发围拢过来，其中一个颇有领导力的人会指挥谁去打电话，谁来救助伤者，大家也都很听他的。虽然这样的行为也只持续了不到一小时，但也从某种程度上说明了公益行为社会自组织的属性。

当公益行为规模变大并成为持久的行为，特别是涉及资助行为和受资助行为的时候，就无法仅仅依靠短期的自组织行为来实现公益资源的统筹分配，当公益成为一个行业的时候，专业化的公益组织也就成为公益发展的必然需要。从这个意义上说，公益组织的专业化是无可非议的。

学者们对公益组织存在的价值、公益组织的管理等问题有众多的论述，在此不再赘述。我觉得，无论是传统的慈善还是现代的公益，它们的实质是“辅助性的社会正义与公平”（社会正义和公平不能完全依靠公益来实现），核心是捐助者和被捐助者之间的社会关系。

从某种意义上说，捐助者无论是个体还是集体，当向社会无偿捐助社会稀缺资源的时候，都会自然产生道德优越感。这种道德优越感也很容易演化成影响甚至操纵捐助议程的权力，这种权力有时候是直接的，有时候是间接的。而被捐助者在这样一个过程中，容易处于被动接受的状态，在道德优越感和操纵性权力面前，容易产生弱势的屈辱感。“人穷志短”，弱者的选择一般都是接受，但是弱势下的无助和屈辱感会导致心理逆向反弹。这也就是很多人常常会遇到那些所谓“不感恩行为”的社会心理原因。公益不同于市场行为，公益过程中流动的钱和物承载着情感、道德和权力等复杂的社会心理要素。当捐助者和被捐助者处于最近距离的时候，道德优越感和弱势的屈辱感之间就会形成巨大的社会张力，从而消解慈善公益的正能量。这也是我对陈光标慈善善举有所保留的主要原因。我绝不反对和质疑他的慈善动机和慈善精神，我主要是想说这种行为的慈善效果。

我也不是特别赞赏带着很多旧衣服送到贫困地区的做法，因为捐助者觉得自己很辛苦还得花钱洗干净寄过去，而被捐助者可能觉得你把自己不用的东西处理给他们，怎么不把自己现在用的东西寄给他们呢？你希望他们感恩，而他们觉得替你处理了不要的东西，你应该感谢他们，所以慈善公益之间物化品的流动所引发的这些外部性的确值得思考。

慈善学家、人类学家、经济学家和社会学家对这些都有过深入研究，我认为，在捐助者和被捐助者之间要有一个缓冲性的制度安排，这个缓冲性的制度安排就是公益组织。公益组织阻止了公益界捐助者和被捐助者的直接接触，打断了构建道德优越感和弱势屈辱感的信息链条。一方面，严格意义上的公益组织作为一个中性的形态，通过一系列的程序，将捐助者的资源转化成各种各样的公益项目，在公益项目中并不能看到捐助者提供了多少钱，从而有效地稀释了捐助者的道德优越感；另一方面，公益组织通过其专业化的过程，将被捐助者的需求转化成所谓的公益项目，这样也就消除了产生屈辱感的社会心理因素，被捐助者更多地被看作公益项目的参与方和受益者，而不是在传统慈善行动中简单地接受援助方。由此可见，公益组织对于公益事业的发展是意义非常大的。

对公益组织的专业化，我一方面觉得非常的重要，另一方面也保持一定的警觉。这就是我讲的那种说不清的纠结或者是理不清的自相矛盾。为什么呢？公益界过去也出现了各种各样的乱象，大家都把这些归结于监管不严或者社会道德紊乱。

毫无疑问，这些都是导致公益伦理紊乱的重要原因。但是，公益组织一旦专业化以后，就一定会涉及专门的人员；有了专门的人员，机构内部就一定要有各种各样的功能；有了功能后，公益组织就成了一个从事公益工作的机器。需要指出的是，这个机器不是一个机械的机器，而是一个社会的机器，是由不同的人组成的。这些不同的人有着不同的背景、不同的需要、不同的技能和不同的预期，他们在公益的机器中不是一个“道德统一”的公益人。我们之所以常常对公益界出现的各种不道德行为表示惊讶，是因为我们把公益组织假设成了圣殿，可能把公益人也假设成了圣人。

事实上，公益组织比任何其他组织都更容易产生人格化的负面影响。由于我们都倾向于把公益视为一个神圣的事业，我们也容易把进入公益组织的人看作“好人”，所以我们也往往都不会在公益组织中对人和事保持那样高度的警觉。道德尺度在公益组织和市场公司中有所不同，这就是公益组织化和专业化产生人格化的潜在负外部性。

不仅如此，我对公益组织专业化所产生的公益异化的警惕，还来自公益组织专业化在某种程度上也在消化和吸收非道德的行为，很多人在公益行业中谋求私利就是很好的证明。公益组织的专业化势必需要数量庞大的人力资源，有时不得不容忍其中很多非道德的行为，如果这些行为逐渐沉淀成普遍现象，就会侵蚀公益的价值。这些都是公益社会道德失范的社会原因。公益组织的社会过滤器作用与公益组织本身的异化使得我对公益组织专业化产生了很深的纠结心理。

公益的本质是辅助性的社会正义和公平，因此公益必然是道德取向的。但是，公益人无法绝对道德化，对于公益人的道德要求必须是相对的，否则无法维系公益的道德取向。

西方公益行业的工资不算高，有人问，为什么他们工资不高还很少有乱七八糟关于"钱"的事。首先，西方公益行业的工资处于平均水平之上，而且西方就业相当稀缺，也没有一夜致富的社会条件，因此，获得一份工作相当不容易。我们的情况是，就业还没那样的稀缺，很多人都通过各种渠道致富，人们就业的收入或福利预期都比较高，如果公益行业不能提供合理的福利，就无法获得满意的工作人员，另外也容易使公益组织的管理陷入复杂和高成本的境地。承认公益人是"人"，给予他们合理甚至高的福利恰恰能够充分发挥他们的能力为公益服务，恰恰能有效地维护公益的道德取向。

这里我并非强调高薪养廉的老调，而是想说不能因为公益是神圣的事业，就要求从事公益的人是圣人。只有把公益人首先看成是普通的人，并予以相应的福利待遇时，才能要求他们做一个符合公益的"道德人"，我想这就是徐永光说的"去道德化"。我不认为公益应该去道德化，但我认为公益组织应该去道德化。公益组织的人格化是不可避免的，如果没有符合实际的福利制度，公益组织必将产生异化，这对于社会来说是一大悲剧。

当然，我也不认为一个合理的甚至高的福利待遇就能阻止公益组织的异化，社会的总体价值、职业道德和有效监管都是重要的条件，公益制度安排则是重要的基础。一个发育完善的公益制度不仅在于工资和福利，也在于公益文化，还在于公益人的就业安全感和幸福感等。公益组织化和专业化以后存在因人格化造成的潜在的道德风险，我们不能把公益组织看作圣殿，也不能把公益人视为圣人，除去伪道德的包装，正视组织化和专业化产生的潜在问题，公益事业的神圣才能得以维护。

公益头上的“三座大山”

我是 20 世纪 80 年代末开始接触 NGO 这个词的。1989 年的春天，我作为中德综合农业发展中心项目的中方副代表会见了一个德国 NGO 的访华团，我现在已记不清楚具体有哪些组织，但记得他们问我中国的 NGO 有哪些，我回答说没有，这也是我第一次听说 NGO 这个词。90 年代初期，我到德国学习，在慕尼黑的德国发展中心参加了一个培训班，其中就有 NGO 与发展的课程。后来我在荷兰学习，有机会系统地了解公民社会与发展的问题。回国以后，我开始在国内倡导 NGO 的发展，为许多国际 NGO 的在华工作提供了大量的技术支持。90 年代中期以后，我开始在宁夏盐池县开展实践工作，支持建立了以治沙和小额信贷为内容的社区发展项目，该项目随后正式成了宁夏第一个“草根 NGO”，并逐步发展成今天具有很大影响力的宁夏惠民小额贷款有限公司。我记不清楚具体是 90 年代的哪一年，我通过罗云波教授认识了廖晓义女士，我们谈论环保 NGO 在中国的发展，我后来借助自己的行政资源为晓义的民间环保行动提供了支持。

我之所以简要地回顾自己早期与民间组织相关工作经历的主要原因是，思考为什么民间组织在中国的发展有时候会很难。90 年代是很开放的，对于国际 NGO 的敏感性远远低于现在，但是国内民间组织的发展在当时却很困难，社会上的承认度很低。中国民间组织的发展已今非昔比，我自己也终于在接触 NGO 这个概念 35 年之后大胆地在一个县里注册了一家关于扶贫的 NGO，开展真正意义上的实践研究。这时候，我才发现，原来亲自做公益绝非我想象的易事，众志支持有时候也只是我们的良好愿望。从某种意义上说，我们公益头上好像有“三座大山”，有时候公益人和公益机构被这“三座大山”压得喘不过气来。

我和中国扶贫基金会、老牛基金会、灵山慈善基金会的几位同事在德国米索尔基金会参观时，详细了解到他们的筹资情况。我当时想，用这样的办法在中国筹资，估计一分钱都筹不到。在欧美国家，民间组织的资助大多都有相对固定的渠道来源。在欧洲很多国家，民间组织经费的很大一部分来自政府的财政预算，同时也有很多长期捐助计划的支持者和各种资助型基金会。我并不是说他们的资金有很大的保障，资金供给是全球 NGO 的共同问题，但是，我从和他们的交谈中感觉不到他们的纠结感与焦虑感。我们国内的民间组织每天的焦虑可能都是关于钱。有个朋友跟我讲，国内有钱人在公众压力之下都成立了自己的基金会，但是他们都是用自己的钱“再造自己”。这话有些绝对，中国的富人们捐助很多，他们的私人基金会在社会救助、环境和传统文化保护等方面都发挥了很好的作用，但不能否定的是，中国的资助型基金会实在少得可怜。虽然不能说富人们把钱捐出来是为了再造自己，但我认为，公益组织感受到的资源供给不足是中国公益事业发展的最大障碍之一。

在资源的供给和需求严重失衡的情况下，我们没有发育出像美国那样多元化的捐赠文化，却发育出了多样化的筹资文化。我经常和公益界的朋友说，筹资文化最发达的国家估计是中国。筹资文化发达并不是问题，问题在于当公益资源的供给和需求严重失衡，公益机构凭借其具有的筹资手段、竞争有限的资源会导致公益资源分配的严重失衡，那些能震撼人心灵的项目甚至可以筹集到千万以上的资金，那些凭借现代视觉媒体冲击设计的项目也能获得数百万的资金，而那些在基层的小型公益组织却很难获得支持，举步维艰。“钱”像一座大山一样，压在公益人和民间组织身上。“钱”让具有优势的公益组织忙于各种宣传，让他们在希望中焦虑，也让那些公益界的“穷人”在失望中挣扎。只要公益的“钱”和公益的“事”不相对分离，公益的资源供给与需求的结构就很难平衡。从这个逻辑上看，发育资助型基金会，特别是发育那些相对独立于资助人影响力的资助型基金会，对中国民间组织的发展具有重要意义。

权力在哪里都是存在的。西方的民间组织非常自豪他们独立于政府的状态，事实上，由于他们和政府都存在着资助关系，他们也不可能做到完全意义上的独立，在这些民间组织中估计看不到那些依附权贵、巴结官僚的现象。我们与西方的社会政治条件不同，官民关系相对复杂，官方的权力相对大一些，民间的权力依附难以避免。有时候问题也不都在于官方的权力和影响力，倒是很多的民间组织对于“官”的膜拜和依附现象非常明显。我曾在一篇短文中提到，中国的民间组织与政府是在协商互动中构建关系的。在处理官方意见和民间意见不一致时，许多民间组织常采取迂回式的周旋和间接式的表达，因此也练就了一套中国民间组织的社会政治性格，这与西方民间组织简单、直截了当地表达意见不同，但是，这不应该必然导致对权力的膜拜和依附。长期的国家主义文化造成了政府权力主导一切的局面，因此对非政府力量的某种排斥也是自然的，问题是民间组织自身也在发育内部的权力膜拜和依附。当我看到很多的民间组织忙于和各种权力群体建立各种联系，看到民间组织的“官”在民间组织的活动中出现的时候，看到把很多人称作“大咖”的时候，我突然觉得中国的民间组织真的很累，那些看不见的权力也像是一座大山，压在民间组织和公益人的头上。有的民间组织能够通过朋友关系、亲戚关系、同学关系等获得支持，有些则苦于没有关系而步履艰难。公益机构和公益人头上的这座权力大山，不仅让公益屈服于看不见的权力，而且也会导致资源分配的不公平。我认为，公益组织应该是社会和谐的缓冲性制度形态，代表了健康的社会力量，虽然有资源必然有权力，而权力的影响也不可避免，但是对权力的过度膜拜和依附势必会扭曲公益事业的正义本质。

我有一个感觉不知对否。我有个朋友是国外 NGO 的重要理论家，他的理论都是实践性的理论，他不是教授，好像也不想当教授，但他在民间组织界和学术界都很受欢迎。我的另外一位朋友是澳大利亚的经济学家，他曾经为福特基金会、世界宣明会等工作，同时也为这些组织担任理事类工作。我问过他们俩，你们的民间组织找教授兼职是希望通过这样的形式来提高组织的知名度吗？他俩回答说，“那倒不是，他们更多的还是希望我能给他们贡献我的经验”。我不是反对学者在民间组织中兼职，我现在也兼着一些职务。我长期从事发展研究和实践，因此对国内民间组织的情况有所了解。最近，我和民间组织的接触多了一些，我发现我们的民间组织有一种很大的“崇学”倾向，各种各样的学者得意扬扬地现身在民间组织的活动中。我这里绝不是说学者讲的对不对，我们在过去三十多年中涌现出一大批推动中国民间社会事业发展的学者，如康晓光、王名，还有后起之秀朱健刚、邓国胜等。我说的是民间组织的实践与学者之间的不对等关系，也许是我的感觉过于敏感，总觉得民间组织中的这种崇学倾向具有某种“自信不足”，甚至有的民间组织人士希望有个职称，民间组织界也形成了有点像企业界一样的风潮，成功的公益人士花钱到名牌大学进修一个公益学位。我觉得如果是为了“充电”，听听各种讲座就足够了。我在大学教书，严格意义上说，我们这些人在公益面前能讲些什么也不是很清楚，反正我是讲不出来像徐永光、邓飞等公益之士的那些名言。我并不否定大学和学者的作用，公益界的学者在公益方面的理论贡献是非常重要的，康晓光的研究就是例证。我更多的是感觉到一种不对等的关系。我是一个学者，经常遇到这样的尴尬场面，很多民间组织的同人看到我都恭恭敬敬，不断地说：李老师，请您到我们那里指导工作；李老师，您写的东西我们都看了，您的水平真高。我经常听到这样的话，心里发紧，心想自己所知有限，不过是有一点虚荣的资本和优先的话语权而已。公益界的崇学，对于发育我们的公益文化是有害的。公益界的主体文化价值应该由公益实践者来主导，公益的话语应该是公益实践者的话语。有时候我觉得，公益人何必要去攀登这个“书山”呢！

公益的烦恼

2018 年，中国基金会发展论坛在阿拉善的沙漠里开了个闭门会。这个内部会的主题是“未来 10 年中国公益发展的前景”，也涉及了这一段公益界的一些事，主要是公益界一些大的原则和方向。

我们通常讲公益主要涵盖三个方面的内容：一是传统的慈善，这个概念算是社会维度的；二是现代的公益，这是政治经济的概念；三是所谓的“公民社会”，这是政治的概念。

总体上说，现在国家治理格局的大致趋势是政府不断加大对社会治理的主导力度，这表现在政府逐步返回到很多过去已经退出的一些领域，政府同时也有效地伸展到了很多新的公共空间，国家在公共治理中的主导性越来越大。公益组织习惯于依靠政府逐渐退出从而求得发展的简单二元模式的数量型扩张将成为历史。

公益组织面对的主要挑战是如何在政府力量不断强化的条件下，与政府通过良性互动，创造一个新的共生发展空间。

从传统的“慈善”角度讲，公益在这个维度上与政府治理的张力不是很大，政府鼓励个人和企业参与很多工作。当然，公益组织首先必须按照政府制定的规则和开创的场域，如精准扶贫等展开工作，这个工作还应该是协助政府的互补性工作。

如果从“公益”角度讲，情况就稍微复杂一些。现代公益是资本主义发展的产物，涉及捐赠、公益组织的独立性和社会治理等不同方面，除了涉及传统“慈善”功能与政府很少存在的张力以外，其他功能的发挥可能需要公益组织更多的智慧。比如，公益组织获得捐助需要呈现自己独立的价值，因此，就很自然地去宣传自己的工作做得好，即所谓的“道德竞争”。无论政府还是公益都不是一个空壳，都是由具体的人构成。说公益和政府的工作做得好不好，实际上也是在说“人”，因此如何避免这种“竞争”需要公益的新智慧。

从“公民社会”的维度看，这既是一个政治问题也是一个文化问题。“公民社会”的思潮算是新自由主义发展思潮的一部分，我们的公益组织在发展中都受到了这个思潮的影响。如果按照这个维度展开工作，估计与政府的张力就比较大。实际上，国家和社会的关系在中国历史上就是一个相互融合的关系，“家国”的概念深入我们的精神世界。国家对于社会的控制是显性的，而社会对于国家的影响却是隐性的，所以认识这个社会机制对于公益组织的独立发展很重要。

这是未来公益组织发展需要把握的三个外部因素。总的来说，公益组织与政府建立良性互动关系有着很好的机制和条件，只是说新时代的新公益可能需要新的公益智慧。

除了外部因素以外，公益的内部因素也是影响未来发展的重要方面。公益里有很多事，折射出了公益内部的一些问题。就像前文“公益头上的‘三座大山’”所说，公益是一个比较特殊的行业，我从90年代初期开始接触国外从事公益的人，其中很多都成了很好的朋友，我在和他们接触中没有记得他们提过工资待遇太低了。其实，要是了解一下，这些国际公益组织工作人员的工资，相对于他们自己国家的平均收入来说其实并不是很高。

从事公益的人主要可分为两种类型：一种是真的为了情怀和追求，还有一种是各方面到了一定程度后来公益领域反馈社会。我在西方的公益界里没有听到过多议论待遇的原因，可能也与西方本身就业就属于稀缺的，加上公共部门本身的差异都不大，而且也少有一夜暴富的机会，所以大家都比较安心有关系。但我还是觉得，公益这个部门是有其特殊性的。

如果你想发财、成名成家，这个领域就不太适合这样的追求。并不是反对公益从业者的待遇应该高一些，但是，公益内部的待遇差别是不是不要太大？公益领域完全依靠高薪也不可能是一个很值得鼓励的事情。公益从业者的工作非常辛苦，待遇绝不应该太低，但是，这个待遇给多少合适，我觉得公益界应该有一个相对的幅度。我常常开玩笑说，公益这个行业一方面靠别人给钱，所以没什么权力；一方面又纯洁得像座圣殿，容不下很多东西。这个可能还真是公益的一个矛盾。

公益界的问题还在于有点太巴结“钱”“权”和“学”。很多公益活动一定要拉一个官员以显示其重要性，公益里没完没了的各种峰会，我们这些做公益的看见有钱大老板的那种心态，搞一些活动都要沾上知名大学、知名学者的牌子。其实这些也并没有什么错，但实际上反映了公益人的心态。

我在国外公益界里很少见到大学教授混在公益圈里指手画脚，其实公益需要生产公益自己的话语，这些话语生产和公益实践是学者们生产不出来的。像我们这样的学者，应该低下头向公益人学习他们的公益思想和公益实践。

所以，公益不是只属于少数人做的事情，公益当然是人人参与的社会实践，但是，做公益前要想一想你做公益是为了什么。公益的价值是消解不平等和不公平，公益组织内部结构化将会对组织发展造成一定的影响，因此需要有一个好的公益文化和从业价值取向，否则一条新闻曝光就可能影响到一大批公益组织。公益的未来很大程度上其实也掌握在公益人自己手里，让捐赠人放心，让社会信任，这都需要公益人自己的努力。这样才能让社会和政府共同创造一个积极的空间。

公益为何“纠结”？

2020 年 12 月 11 日，修远基金会举办了一场“中国本土公益道路与公益理论建设”的思想论坛，我在论坛上回应了这几年公益实践与理论的一些争论，其中更多的是回应了像我这样公益实践者的困惑。这里把我的一些观点重新整理一下，与大家讨论。

在过去 30 年的工作中，由于个人经历，使我有着比较特殊的政治社会语境的体验。20 世纪 80 年代，我进入当时的中央书记处农村政策研究室工作，从一个学习自然科学的学生，进到中国的体制内，再加上家庭的影响，使我有着很深的国家主义情结。我的确也对于“国家”的含义有了更多了解。90 年代，到国外学习发展研究和发展实践，开始在理论上接触分权、自由主义、市场经济、民间社会等西方的发展理念。后来到非洲实习，开始接触基于西方理念的民间组织的发展活动。在这样一个过程中，我开始把民间组织作为学习西方先进管理的内容之一。

90 年代回国以后，我脱离了严格的体制内生活，在大学里成为一名做实践的学者，我首先做的工作就是把当初自己领导的机构变成了一个自负盈亏的发展组织。当时很多国际组织都把我所在的单位看作是中国本土的 NGO。那个时候，一个最大的问题就是民间组织没法注册。在中国当时的法律体系中，没有独立注册的民间组织这一概念，所以只能在工商局注册成一个公司，然后再与工商税收部门协商具体的资金管理事项，本土民间组织的从业人员大概都记得当时的情况。不过当时正处于中国对外开放的高峰时期，引进西方资金和管理是受到鼓励的，虽然有很多困难，但大家并没有感到很大的压力。尽管如此，这段时间还是给我留下了很深的记忆，就是民间组织和国家之间有着一个很强的结构性张力，这个记忆一直跟随着我直到现在。后来我又开始参与何道峰先生改革和创新中国扶贫基金会的工作，这大概是在 90 年代中期前后。在那个过程中，我又有了一次不同的经历，即感受到国家对于民间组织的鼓励以及本土的民间组织快速的发展。

2015 年，我自己终于有了一个机会亲自去注册一个民间组织，当时正好遇到注册民间组织不再需要上级主管部门审批，只需要在当地民政局注册。我注册的一个小的民间组织虽然在过程中出现了很多技术性难题，但是因为有关于民间组织的法律条款，所以注册过程非常顺利，记忆中好像并无太大的纠结。当时觉得有关民间组织的法律和条例是何等的重要。从那以后，我就非常关注北京大学金锦萍教授在公益与法律方面的研究工作。最近几年，无论从我的小公益组织的运行还是周围公益圈朋友的议论，似乎都感受到了某种纠结，而且这一感受比我在20世纪90年代感受过的要更加明显。

我个人在不同阶段产生的不同记忆，从某种程度上也说明了我们今天民间组织遇到的困惑和纠结的原因所在。中国本土的民间组织，从“希望工程”发起日开始，进入一个黄金发展阶段。在改革开放的推动下，国家将相当大的发展空间逐渐让渡给了市场和民间组织。以“希望工程”为代表的中国本土民间组织不负众望，抓住时机，准确把握住了那个阶段中国经济社会发展中的短板，成功实施在中国历史上产生了重要影响的“希望工程”。这一从中国体制内脱胎出来的民间行动，不仅促进了教育的发展，更重要的是从体制内带出了一批精英，成为中国民间社会的骨干力量。以此为基础的中国本土民间组织不仅在中国的政治经济社会空间中开拓出一片新的天地，同时由于这批人和这些机构与中国体制的天然联系，从而将中国的社会和国家连为一个整体。在过去很长一段时间，中国本土民间组织与政府之间存在着十分密切的联系，同时也有着比较大的独立空间。我经常说，这一阶段是中国民间组织的黄金期，也是中国民间组织的一个集体性记忆。

与此同时，伴随着改革开放，大批的国际民间组织进入中国，这些组织进入中国以后，首先与中国本土的民间组织展开合作，同时又资助建立了大量新的民间组织。不仅是实践方法，很多基于西方公民社会的理念也开始进入中国。中国本土的民间组织开始拥抱西方民间组织的思想，其中国家社会二元治理范式、社会制衡国家等概念开始影响中国本土民间组织。在很多情况下，这些概念甚至被认为是民间社会的基本价值。这当然不完全是中国的情况，西方民间社会的概念是20世纪70年代以后新自由主义全球治理的一个重要组成部分，中国拥抱全球化也自然免不了受到这些思潮的影响。

中国民间组织经历的快速发展以及在全球化背景下受西方自由主

义思潮的影响，可以说仅仅是中国当代政治社会发展的一个瞬间。如果着眼于历史长河，我们不难看出中国传统的韧性。国家主义的政治社会传统实际上在中国的政治社会生活中一直都没有中断。随着国际政治经济格局的巨变，以及中国国家治理迅速回归国家主义的治理框架，中国民间组织在某种程度上还处于那个“瞬间”的集体记忆中。问题是这一记忆深刻地影响着中国民间组织的集体行动，从而形成了与国家和社会宏观语境的“脱嵌”。

归根结底，中国社会进入一个高度复杂的状态，民间组织的发展也进入一个充满挑战的新阶段。从慈善公益的角度讲，中国是一个有悠久慈善历史的国家，中国的文化充满着慈善的智慧和多样的慈善社会实践。但是仔细审视，我们可以发现：直到今天，我们的慈善公益实践也没有很好地解决传统慈善“私益”和“公益”的问题，未能有效地将中国传统的慈善资源转化为回应现代慈善与公益需求的新思想资源。当然，这并非否认基于中国传统慈善资源的社会实践意义，但中国的传统慈善资源在回应中国现代慈善公益问题方面存在的断层现象不能忽视。与此同时，西方的慈善公益思想进入中国，这一基于国家社会二元对立的范式除了从资金、管理技术等功能上发挥了作用以外，与中国本土的政治社会语境未能有机融合，无法成为扎根中国政治社会现实的思想资源，从而造成了基于这一理念的实践与中国特色政治社会语境“脱嵌”的现象。虽然中国公益组织在这两种资源的互动下始终强调探索中国特色民间社会的道路，也就是探索所谓的中国本土公益道路和公益理论，但是迄今并未形成适合当代中国政治社会特点形态的本土理论和实践模式。这是我们感觉到所谓纠结的深层次的原因。

中国的公益面临着如何在政治上理解国家主义，在文化上理解中国社会日常伦理，以及从全球化角度理解社会文化转型这三个方面的挑战，而应对这些挑战并不容易。公益无论作为价值、意识形态还是实践都离不开与这三个方面的互动。如果中国的公益事业想要获得大的发展，仅仅依靠政府提供的空间是远远不够的，中国公益事业必须直面在国家承担起越来越多的社会责任以及市场和国家日益穿透社会的新语境下，公益的生存空间和功能何在的问题。公益的市场效益倡导者找到了公益与市场的结合点，超越了传统的慈善局限性，但这远不能从根本上破解纠结的难题，公益社会还需要直面国家统领社会的现实。如果说 20 世纪 90 年代中国的公益事业是“走出”国家的话，那么未来会不会“重归”国家？如果是，那么公益究竟在中国意味着什么？走出“平衡国家和社会”这一集体性记忆，开辟“与国家和社会有机整合”的新路径看起来有些折中，但会不会是一种可能？这都是当下公益社会不得不面对的现实而严肃的问题。

在中国做公益难在哪里？

大家都会觉得做公益是在做好事，既然是做好事，大家都会支持，做起来理应相对容易。我这几年花了很多时间在做公益，一方面是自己做，要筹资、要写项目建议、要考虑审计，感受很深；另一方面，和公益界的人接触颇多，也会听他们讲述自己的公益实践。我的同事和学生也跟着我做公益，但大家都觉得在中国做公益真的很难。有一次开会，碰到一位企业家朋友，他说他一直对公益情有独钟，但是现在他不敢到处说他在做公益。我问为什么，他说很多人会向他要钱，他没有办法满足所有人的需要。有一位同事和我讲，他的一位朋友，希望孩子能够在假期时到村里做志愿者。这位同事就答应了，后来他的朋友说，能不能解决孩子的交通费、住宿费，我的同事对此很不高兴，做志愿者怎么还让我们出这些费用呢？

2015 年“99 公益日”，我第一次通过网络为河边村筹款，我的同事告诉我，他在筹款中发现了一些人平时总是说着愿意帮助人的话，在关键时候却连 100 元都不愿意出。我们在公益的日常实践中，的确会遇到各种各样的问题，我不能说在国外就一定没有这些问题，但是我们的确需要思考一下我们为什么会有这么多的困惑。

关于捐赠问题，徐永光曾说，这个事要有一个过程，还得需要经济的发展，现在比过去不是好很多了吗？我也一直深以为然。有一次，我碰到一位从事公益的台湾教授，我说，“台湾在捐赠公益方面一定比大陆要好一些吧”，那个时候台湾在经济上比大陆要发达一些。但这个教授说，“都一样啊，你不了解台湾”。再看一下香港，在这方面似乎也应该比内地好一些，大家也会联想到经济发展与公益之间存在着密切的关系。香港的富人很多，自然有经济条件做很多的捐赠，但是细想一下，香港似乎更多受西方，特别是英国的影响，这能不能也算是一个影响因素呢？不管怎么说，现代的公益与经济的发展的确存在着密切的关系。在中国做公益难，总体上可能也与我们的经济发展还没有达到一个很高的程度有关。从数据的分析来看，公益的捐赠和人均 GDP 之间的确存在着正相关关系。我在非洲工作，就很难见到像中国这样大规模的公益行动。

我们有着悠久的传统慈善文化，在过去几十年中国公益迅速发展的背后，很大程度上也源自我们传统文化的基础。我们今天在公益实践中遇到的各种问题，看起来都是个例，实际上也具有某种程度的普遍性。新中国成立以来，政府覆盖了整个社会部门，包括一般性的社会救助，甚至鼓励“做好事”这样一些日常的社会实践，都被纳入国家治理的范畴。“有事找政府”成了很长一段时间中国人的日常生活实践。在这种条件下，没有真正意义上公益发挥作用的空间，每一个人的行为都是从特定的政治、社会、经济、文化传统中发育出来的。在我们的记忆中，公益并非是一个熟悉的名词；在社会中，通过慈善公益的帮助而渡过困难的群体数量很少。没有这样的经历，自然就不知道其重要性，也很难建立起价值认同。改革开放后，随着政府覆盖范围的缩小，特别是随着市场力量的不断发展，慈善公益重新获得了发展空间。从改革开放到现在四十多年，这个时间不算很短，但是对于形成一个强大的社会公益文化来讲还是不够。所以，我们感到公益的那些纠结，仍然是在国家和社会的不断互动下形成的。有时候，这个空间大了，公益的力量就会发展；有时候，这个空间小了，公益就可能向两边融入；国家的、民间的和市场的，实际上在任何时候都是一个整体。

我对公益人讲的“空间伸缩”，感受特别明显，但是我们需要看到的是，过去20年，应该算是中国公益发展最快的时期，不仅仅是因为公益组织的数量，公益部门动员的社会资源的数量，更重要的是已经开始形成了具有中国特色的公益文化。我们在公益实践中的确会遇到各种各样的问题，但同时我们也要看到越来越多的人，特别是很多社会精英，真正具备了公益的思想和价值。我是四川海惠的理事，理事长是著名的资本投资家但斌先生，他不仅经常为海惠提供大额捐赠，同时还担任海惠理事会的理事长，每次会议都亲自主持，认真听取大家意见，为海惠的发展把握方向，同时也为海惠的发展建立各种资源网。在我的了解中，我从未感受到他为了个人名誉而挂名，也没有发现他在这样的工作中有任何的个人功利主义。四川海惠不是一个知名的公益组织，也不是政府机构，仅仅是一个长期耕耘在贫困地区普普通通的组织。现在的公益社会中，有很多很多像但斌这样的市场精英，他们都有着个人的公益理念，这其实是我在面对很多问题的时候，依然能够坚持做公益的主要原因。有一天，我和从事投资的朋友李铁正在吃饭，我的同事告诉我小云助贫中心的工资发不出来了，我开玩笑说，“你不约而来，是送钱来了，小云助贫工资发不了了”，他表示完全没问题。我和其他朋友说，李铁公益情怀满满。他却开着玩笑说，“小云教授要的是小钱，应该支持”。

在中国做公益很难，但是我们也要看到我们的公益已经有了一个坚实的基础。公益的价值已经逐渐植根于社会。在这样一个转型的过程中，公益实验中遇到的各种问题，是因为转型过程中公益的文化、价值还在进一步发展。不能说西方的公益社会是一个成熟社会，他们也在发展，但是西方的慈善公益发展了几百年，加上他们长期以来相对有限的政府作用，巨大的社会需求支撑了他们有一个庞大的公益部门。而我们在一个转型的过程中，无论是财富的积累还是公益的实践，都还不够，我们在公益实验中遇到的困惑，很多也是因为公益本身的不成熟，甚至公益本身出现了很多异化的行为。很多人打着公益的旗号谋私利，也有很多骗捐的行为，还有经常爆出的丑闻，这些都会影响大众公益的行为。即便没有这些不好的行为，公益解决问题的能力高低，也是大众是否支持公益的重要因素。在很多人眼里，公益就是拿了大众的钱，但是没有做什么事，因此很多公益界人士都在呼吁提高公益的效率。

我们谈公益存在的问题，自然要看到我们在公益文化方面存在的不足之处，以及我们所处的经济发展水平。

公益记忆的失范

前文说到了现在的公益为何纠结，其实公益事业在中国一直都很纠结，只是在不同的阶段表现不同而已。说中国社会不适合公益事业的发展显然没人赞同，但是如果说中国社会特别有利于公益事业的发展好像也不尽然。我把这样一种状态称为“纠结”。过去说纠结似乎感受不明显，现在说纠结，从事公益实践的同志可能体会更深，还有几位做公益的同事跟我讲，“李老师，何止纠结啊”！

我把这种纠结看作是由三种记忆的错位导致的。首先，公益组织对于自己的总体印象是过去四十多年中国的公益事业对中国的发展起到了巨大的作用。这里有两个重要标志，一个是“希望工程”，一个是汶川救灾。“希望工程”标志着中国的公益事业正式进入到解决中国发展问题的舞台，不仅如此，“希望工程”本身还标志着中国公益事业在解决中国现代发展过程中出现的问题的有效性。其次，如果说“希望工程”是个例的话，那么公益组织参与汶川救灾则是中国公益组织走向成熟的集体性呈现。以“希望工程”和汶川救灾为标志的中国公益组织的发展，给公益组织留下了不可磨灭的印象，这一印象促成了中国公益组织自我价值提升的集体性记忆的生成。国家对此也予以了相当的肯定，从而加深了公益组织的这一集体性记忆。公益组织在总体上认为它们之所以能发挥这样的作用，是在国家不断放松管控、公益组织不断获得独立发展空间的条件下取得的，也就是说，公益组织的集体性记忆是自身的价值来源于自身的能动性和对社会利益的代表，而且，公益组织还试图证明自身在中国巨大社会变迁中不可替代的作用。

然而，国家和社会对公益组织的记忆与公益组织对自身作用的记忆并不必然一致。虽然国家承认公益组织的重要作用，但是国家的主体叙事是，中国的公益组织是在党和政府的领导下开展活动的，如果没有政府的支持，没有国家为公益组织提供发挥作用的空间，公益组织无法得到发展，而且大批量的公益组织本身就来源于国家，很多的公益组织甚至依然在以事业单位的形式领取国家工资。在国家的叙事中，公益对于社会的贡献并非一个独立叙事，而是“国家”的一个组成部分，是在协助国家，补充国家能力的不足。一旦国家遭到公益组织独立叙事的表达，就会出现所谓的道德竞争。也就是说，在解决社会问题的场域中，如果公益组织呈现出独立于国家且比国家更为有效的方式，就会出现某种道德竞争，原因在于国家实力的客观性和国家力量统领社会治理的预期。对于中国改革开放以来发生的巨大变化，包括“希望工程”曾经参与的教育问题以及大规模的民间组织发挥过巨大作用的汶川救灾，国家的总体记忆是中国共产党强有力的领导和强大的政府作用，社会参与是国家对包括公益组织在内的其他民间力量的基本认可的表述。不同主体对于自身作用的叙事记忆会产生一个基于自身的认知和路径依赖，在这样的认知和路径依赖下，公益组织和国家都会通过自身的行动不断强化已有的认知和路径，从而产生来自叙事记忆的张力。这也许就是我们经常感到所谓“纠结”的主要原因。

除了公益自身和国家的叙事以外，社会也有一个叙事。一方面对于很多成功的个体而言，他们在日常生活中不断克服困难取得成就。他们要与各种各样的机构打交道，他们要克服官僚以及各种麻烦的程序，甚至冒着风险去做很多不应该做的事。他们的经历充满了艰难，在他们的记忆中，只有艰难、运气、能扛得住、有韧性，这是他们的日常叙事。这一叙事显然与公益组织毫不相干。而对于那些身处困难、无能为力，特别是那些贫困群体而言，公益组织的帮助和慈善的记忆是非常碎片化的，并非是集体性的。相反，政府大规模的扶贫救助支持给社会留下了深刻的集体性记忆。如果说慈善公益也发挥了巨大作用的话，这一作用至少在过去消除农村绝对贫困的战役中是与国家的贡献合为一体的。所以从某种意义上讲，社会自身的叙事，一方面是个人的努力、克服困难、个人的运气等，另一方面则是政府的扶持，很少存在对慈善公益的记忆。我曾经将这一现象称为公益组织的“集体性缺位”。

毫无疑问，任何的日常叙事和记忆，都具有强烈的政治经济社会的建构性。各种不同叙事的差异并不必然意味着在真实世界中客观存在。中国公益事业在中国社会经济发展中的作用是毋庸置疑的，当我们把这三种不同的叙事记忆放在一起的时候，我们会发现原来本应该是相互关联的社会行为却出现了互相的“脱嵌”。一个社会特定的政治经济系统是超出人的能力的，也就是说，人创造了社会和国家，但在很多情况下人又无法改变社会和国家。公益往往都有着宏大的目标来改造社会，但是高高的道德优越感、碎片化的议程以及自身记忆中的独立价值等，一方面造成了与国家治理的张力，另一方面也由于其碎片化的议程而无法聚焦社会问题，从而与社会的总体议程“脱嵌”。国家主义是中国长期性的政治传统，通过政治统领国家和社会是中国社会秩序治理的总体性特征。公益只有将其有机地嵌入到这个体系中，所谓本土化的道路才会有前景。

公益是把“双刃剑”

慈善公益一直都站在道德的高地上，不管你做什么类型的慈善和公益，大家都会说这是好事。有时候我们这些从事慈善公益的人，都经常觉得自己是“圣人”。我在《公益人是“圣人”?》一文中讲的就是这个意思。慈善公益对于社会的积极意义毋庸置疑，慈善公益实际上是人类社会解决自身存在问题的隐形的社会契约，社会的秩序除了依靠法律之外，还需要伦理道德体系。比如，不能去伤害他人，完全依靠法律去避免不伤害他人，会导致维护社会秩序的成本非常高，法律不可能每时每刻监督每个人，不去伤害他人是一项基本的道德准则。通过这样的道德准则，在每个人的思想里树立一个不去伤害他人的伦理道德认知。只有这样，大多数人才有可能不去伤害他人，那么法律也只去惩罚那些少数伤害他人的人，这样社会才能够有效地运行。对人类的财富分配和不平等而言，也是一样。随着社会的不断演变，人类社会出现了不平等，给社会带来了伤害，因此针对不平等的各种法律体系也逐渐建立起来。现代国家的税收体系就是一个解决收入不平等的有效的强制性规范，但是，仅仅依靠这个规范并不能从根本上解决不平等的问题，所以需要社会成员的自觉行动。慈善捐赠、志愿行动就成了缓和不平等和解决社会问题的道德手段，从这个意义上讲，慈善公益是道德产业。人有自私自利的一面，所以在社会上发育出了弘扬慷慨利他的美德。在美德的激励下，社会成员开始做很多利他的行动，这也是慈善公益重要的社会基础。我这里并不是说，利他不是人类的本质性特点，而是说，慷慨利他是如何成为社会道德的。也许有人会认为我是一个社会功能主义者，其实在很大程度上，我试图用本质主义的特点来说明慈善和公益的问题。

如上所述，慈善公益对于社会的团结与整合有着十分重要的意义，但同时我们也要看到慈善公益的积极作用是有条件的。说到慈善和公益的积极作用，我们往往离不开美国的案例，托克维尔在 1835 年考察美国的时候，对于美国的志愿、捐助和慈善精神印象深刻。我也反复讲过，美国是一个移民社会，先有社会后有国家，只有通过志愿和捐助的精神，建立社区的团结机制，社会才能运行。直到今天，美国社会依然保留着强大的民间社会传统，慈善和公益的积极作用凸显于社会的各个领域。在很多的发展中国家，我们也会发现大量不同类型的民间组织，在社会发展领域，同样也发挥着巨大的作用，这与这些国家软弱的政府无法承担更多的社会责任有着密切的关系，而欧洲的情况却与美国有很大区别。不能说欧洲没有慈善公益，而是说欧洲的福利国家承担了主要的社会责任，慈善公益组织也只是起补充性的作用。

慈善公益的积极作用除了上述条件以外，我们还需要注意慈善公益本身对社会的影响也并非总是积极的。也就是说，慈善公益本身也是一把双刃剑。首先，无论是慈善还是公益，都具有单向性付出和奉献牺牲的特点。比如说某位富人捐赠财富，某人长期无偿提供志愿服务等，贡献者与接受者之间在精神、物质、财富的交换过程中是不对称的，这就很容易出现慈善公益的道德外部性，也就是我们经常讲的道德陷阱问题。国际发展援助，是一种国家与国家之间的慈善公益行为，长期接受援助的国家容易形成援助依赖，这几乎成了国际发展援助领域的难题。一方面，对战乱不断、饥荒出现的人道主义灾难需要提供援助；另一方面，越是提供援助，这些问题越难以解决。就社会群体而言，长期为弱势群体提供援助，也会出现“养懒汉”的现象。

其次，过度的慈善公益会导致国家能力的弱化，这在国家间的援助方面非常明显。著名的经济学家威廉·伊斯特利（William Easterly）就对援助持否定态度。对于很多处于援助依赖的发展中国家而言，获得援助的承诺成本远远低于强化国家建设、增加税收和发展经济的承诺成本。在援助资源丰富的条件下，有援助需求的国家更倾向于通过接受一些条件而获得援助，因为这样做远比他们在国内对企业家征税和促进经济发展要容易得多，所以，援助在这种情况下抑制了这些国家的能力建设。该理论同样适用于对个体提供的慈善公益服务，当一个弱势群体很容易获得各种支持的时候，他就倾向于不去努力改变自己的生活。

再次，慈善公益一旦成为组织化和制度化的社会行动时，对于社会的整合可能会起到消极的作用。从事慈善公益的人，可能对此持有异议，他们自认为做的事情是高尚的。慈善公益对社会公益的负面影响在现代社会更加明显。在很多情况下，慈善公益的议程代表了一个多元化的社会议程。现代社会的公益组织类型繁多，有的从事环保、有的从事文化保护、有的从事人权方面，问题在于对很多发展中国家和转型期国家而言，慈善公益行为深受西方公民社会思想、自由主义和后现代思潮的影响，这些不同类型的公益组织进入传统落后的乡村地区，相互之间并不协调、各自为政，乡村的贫困群体都成了他们的实验对象，这在贫困的发展中国家特别明显。许多公益组织都有着优势的文化背景和雄厚的物质财力资源，很多发展学家说，这些公益组织就好像一个个的独立国家，独立地实施它们的政治议程，这些不同类型的慈善公益议程，在很大程度上使地方社会的整合机制紊乱。

我在非洲、巴基斯坦、孟加拉国、菲律宾就经常会遇到这样的问题。这些国家有非常多的非政府组织，他们在贫困乡村地区把村民按照自己的议程组织起来，在很大程度上消解了农村社区的社会关系以及社会原有的整合机制。不是说这些不同的民间组织所从事的活动有问题，而是说这些不同的发展议程与地方的需求之间存在断层。造成这一问题的主要原因在于，对跨国性的慈善公益而言，这些组织的议程都是受提供捐助国家的社会文化议程影响的，很多他们认为需要解决的问题，未必是接受国家群体的需求。对于很多在一个国家内部由捐助人提供支持的公益组织而言，这些公益组织本身的议程受到捐助人所认为需要解决问题的思想影响，在很多情况下也会脱离民众的实际需求。这并不是说所有的公益组织不能解决社会问题，而是说公益组织本身的精英主义特征，使公益的目标与实际的影响出现异化。

慈善公益的两面性是一个悖论，我们不能因为所从事的事业在道德上无可非议就失去了对该事业产生负面影响的警惕性。最大限度地避免负面性的关键在于提升公益组织对自身道德性和基于道德性产生的非道德性结果的认知。如果我们坚持认为自己做的事情一定是积极的，那么有可能我们做的事情的结果会产生消极影响。我这几年在河边村做公益扶贫已经开始体会到了这样的负面性。村民收入提高了，有的农户都买了汽车，但是让他们提供幼儿园的所需费用难度就很大，在他们的印象中，解决幼儿园的事情似乎是李老师的事情，因为从一开始幼儿园的建设到孩子们的营养早餐以及老师费用都是由李老师解决的。从某种意义上讲，他们已经形成了慈善依赖，所以我和同事在另外的村建设乡村幼儿园时，从一开始我们就设计如何让农民承担起他们力所能及的责任。慈善公益是公益人的社会学习过程，在这个过程中，需要对慈善公益的两面性有深刻的认识。

商业向善，公益向哪？

这几年商业向善的说法被炒得红红火火，几乎成为很多企业家、学者和公益人离不开的话题。美国人不仅枪炮厉害，软概念和行动力也很厉害。他们把工业资本主义发展到高技术资本主义，又发展到了最能赚钱的金融资本主义，赚了全世界的钱。赚了钱的美国人想到了他们当初到美国立志建立理想国的新教祖先，他们的祖先说，“我的孩子啊，财富不是你们的，你们只是财富的守护者而已”。于是，富裕的美国人就把传统的慈善转变成了以捐赠为核心的现代公益，美国从普通人到大富豪都做捐赠，其中裸捐更是把美国现代公益做到极致，以至于这些美国的新公益大咖跑到中国来劝捐，哪知道中国的富豪是这几年才赚到钱，还没来得及花，加上我们的祖先虽有慈善传统，哪见过裸捐，我开玩笑说这是公益的原教旨主义。有人问我，为什么欧洲和美国同根同文化，慈善公益差异却很大。我说，资本主义产生在欧洲，资本主义的负面性在资本主义的发展过程中被欧洲的国家力量和社会力量不断消解。比如欧洲的社会主义思潮导致了欧洲福利国家的发育，社会党和工党不同时期的执政和发达的工会都导致了在法律和制度层面对社会问题的关注，大多数西欧国家的个人所得税高达50%。而美国则完全不同，美国是典型的资本主义国家，不是福利型国家，任何增加税收的要求都会遇到巨大的阻力。如果说欧洲的收入分配主要依靠国家政治力量的话，那么慈善公益可以被认为是美国资本主义体制生存的自我矫正机制，资中筠先生将其称为“公益资本主义”。

资本主义从开始发育时就受到了来自人文主义的抵制，关注不平等也是人文主义消解资本主义负面影响的主要思想武器。全球化一方面导致了财富的剧增，另一方面也导致了不平等的加剧，与此同时，全球性的人文主义思潮也在高涨，那种致富以后再做慈善的传统模式已经无法应对日益增加的社会问题的挑战，人文主义以不同的形式不断渗透到商业领域，商业向善的意识形态开始在商业领域蔓延。如果说企业社会责任仍然属于捐赠的延伸，那么“共享经济”“共益企业”“社会影响力投资”等则是“赚钱的同时也惠及社会”，属于在商业过程中做“慈善”，从商者不再愿意背负“恶名”，希望成为“善商”。从某种程度上说，传统的慈善公益是对资本主义负面性的初级矫正，那么商业向善则是对资本主义负面性的进一步矫正。

这几年，徐永光、马蔚华不断呼吁的社会影响力投资，王振耀倡导的“善经济”，都是倡导商业向善。这些都算是在新条件下的“劝捐”和“绑架从善”。实际上，中国的商业向善主要还停留在挣了钱再做公益的阶段。当年马云问比尔·盖茨哪年开始做公益，就是一个典型的案例，中国的公益大咖正在努力将公益的人文主义意识形态不断植入中国的现代商业文化中。商业向善应该是既挣钱，又做好事的理想模式，这种模式的落地就是所谓的社会企业，换句话说，就是用挣钱的方式解决社会问题。公益人长期以来主要是通过资源转移的方式来解决社会问题，这种传统的慈善公益方式在解决社会问题方面遇到了很多问题。所以，资深的公益人在经历了无数的痛苦之后，在商业向善的潮流中找到了一些感觉。但是，商业向善真的就能解决社会问题吗？很多人都对此有疑问。这个疑问的背后是“恶与善”之间的天然张力。虽然不能将二者完全对立起来，既商非善，也不能既善非商，但是将二者结合起来倒也真的需要创新，这也是很多公益大咖正在努力的大事。

商业向善，那么公益走向何处？公益大咖一只脚落在商业里，倡导社会影响力投资，另一只脚还落在公益里，倡导公益向商。在当代中国公益发展中出现的商业向善和公益向商，让商业和公益这两个在传统上相互依赖但彼此异向的社会元素产生同向涌动的现象，构成了中国现代公益在走向未来过程中一个明显的新特征。

公益向商包含了两个不同的维度，一是倡导通过商业的方式进行公益实践，其考量的背后是公益的效率问题。这一维度直接挑战了传统慈善公益通行的资源转移模式，也就是徐永光说的“公益不能只做简单的资源搬运工”。二是完全用商业的模式替代公益，这样的维度直接触及了传统慈善公益所引发的道德陷阱问题。该维度上的公益倡导，基本上与商业向善的潮流相一致，即希望通过商业行为解决社会问题。

与商业向善模式发展不同的是，公益向商的潮流从政治经济学的角度看更为复杂。需要关注的是，在公益向商的倡导中，公益的核心价值是什么？首先，现代公益的核心价值在于资本主义条件下不断积累的财富的分配问题。现代公益在一般意义上讲，是社会财富公平分配的隐形社会契约。从这个角度看，现代公益并不必然直接涉及社会问题的解决，但这并不意味着现代公益不去解决社会问题。现代公益首先是通过财富的分配机制来解决社会问题，例如，在美国，很多捐赠人建立大学，在大学里设立奖学金，这样低收入家庭的孩子就能够读到大学。这是公益，不是私益，是以捐赠为基础的解决社会问题的实践。所以，无论商业向善还是公益向商都不应该规避财富分配这一公益的核心价值问题。其次，任何商业事实上都是在通过满足人的需要和解决社会问题的过程中发展的。如果把一般意义上的解决社会问题作为公益的核心价值，就有可能丧失公益作为调节财富分配这个隐形社会契约的功能，同时，也有可能让公益失去其特有的社会价值。

第四章　公益与资本

中国公益虽一路坎坷，但已经成为中国政治、社会、经济系统中一个重要的能动力量。中国公益的未来之路还面临诸多挑战。日益增强的国家主义治理力量，在客观上要求包括慈善公益在内的社会力量整合在国家主义的治理体系之内。这一方面为中国特色的慈善公益提供了发展机遇，另一方面也因为慈善公益自身的民间性而与国家力量之间产生了一定的摩擦和张力。克服这一摩擦与张力需要慈善公益新的认知和新的行动框架，这并不容易。商业和市场的不断发展和创新，也使得新型商业形态和资本形态不断深入慈善公益领域。新型商业和新型资本凭借其资本的优势和市场的效益机制，对慈善公益构成了挑战。这让原本依赖于商业资本提供资源的慈善公益陷入了前所未有的困境之中。虽然商业向善和公益向商正在让慈善公益改变其原有的运行机制，但是市场和资本的侵入，还是让慈善公益感到了巨大的压力。

慈善公益本来的优势就是能够通过其多样化的使命来丰富社会经济发展的议程，当一个社会更需要整合以便面对国内外挑战时，慈善公益政治使命的社会支持度和其合法性也就会出现危机。中国的慈善公益在最近几年又出现了“走出去”的趋势，所有这些挑战都在形塑着中国慈善公益的方向，也影响着中国慈善公益的未来。

公益与利他

2018 年 10 月 22 日，康晓光先生在中国人民大学中国公益创新研究院与敦和基金会联合举办的一个研讨会上发表了题为“义利之辩”的主旨发言，再次就自己针对公益与商业关系的观点做了深入的论述，秉承其一贯立场鲜明的作风，再次重申了他“公益为先，商业为从”的主张。

康晓光认为，市场化为现代公益开辟了道路，奠定了基础，提供了资源，做出了不容忽视的历史性贡献，因此对于公益而言，市场的力量是积极的。但同时他还认为，市场力量也是消极的，因为权力和资本又企图使公益成为自己的奴隶。今日中国，资本控制公益的深度和强度丝毫不亚于政府，财大气粗的资本凭借资金优势通过资助项目，主导公益组织的活动方向和领域，掌握媒体、控制各类论坛，资本已经在中国公益领域稳定地确定了自己的霸权。基于他的公益与商业的主次性论点，我开玩笑说他是公益的原教旨主义者。康晓光几乎是断然拒绝公益向商业靠拢，他对于主张“通过出售服务和产品的公益组织是可持续，而依赖捐赠的公益组织是不可持续”的观点，以及“传统公益组织必然导致低效率，而商业性的公益组织有可能带来高效率”的这些观点，持有深深的质疑。康晓光有关公益和商业的观点，触及了公益的元问题。因为他主张人类利他行为的天然存在性与合法性。

他认为公益向商强化了利己主义，贬低了利他主义、危机公益的根基，言下之意，利他主义是公益的元社会资源。

康晓光从中华思想体系中义与利的辩证关系，以及资本主义时代公益与商业的关系，论述了利己与利他的关系。他承认利己与利他均是人类的天性，而且利他必须弘扬，而公益则是驯化唯利是图的重要机制。康晓光的这些观点，同样触及了公益的元使命问题，我不能不说他是一位敏锐的，同时也是有强烈道德感的思想家。事实上，利己与利他的关系十分复杂。从生物学角度讲，即便是人类社会也无法超越物竞天择的自然法则，利己和利他均符合物竞天择的法则，说两者都是人类的本质属性并不为过，但是就个体而言，针对利己和利他的先后则会存在争议。从生物学角度讲，利己算是本质，利他可能是工具性的。利己为本是个体从生物学角度要生存的需要，而利他则是服务于利己的社会生物学属性。公益是一种社会实践，自然存在着其在社会中的元使命。毫无疑问，正如康晓光所言，公益是所谓的以义制利的社会基础，所以就公益的机制而言，他认为利他作为公益的根基是不能动摇的。从这个意义上讲，利他与利己就成了公益的元问题。

但如果从人类社会利己与利他的关系上看，认为公益的本质是利他的观点似乎又会产生争议。首先，利己与利他是人类共生性的社会属性，没有一个人是完全利己的，也没有一个人是完全利他的，每一个人身上都同时呈现出利己与利他的属性；其次，从人类社会个体普遍的社会实践来看，利己应该是优先的，这一点估计不会有太多的争议。这就引出了一个更复杂的问题，既然利己与利他是人类共有的属性，是否意味着一个人在为自己考虑的同时，也一定会为他人考虑？再进一步讲，一个人发了财，最终一定会用自己的财富做好事。皮博迪是一个自私、贪婪、吝啬的资本家，他创立了摩根财团，最后又成了伟大的慈善家，这样的案例举不胜举。这些人从财富的积累到财富的捐赠，有多少是因为受了慈善公益的教育，我无法证明。实际上，我们所说的慈善与公益都是这种利己和利他行为互动的自然结果，这一观点隐含了一个严肃的假设——利己有天然的合法性，利他则是由利己派生出来的相对利己的另一个属性。

在利己与利他的关系中，康晓光认为利他是对利己的约束，因此以利他行为为特点的公益，就是对以利己行为为特点的商业的抑制。我对此至少从形式逻辑上并无异议，但是利他真的是对利己的抑制吗？皮博迪捐出巨资是在抑制他自己贪婪自私的商业行为吗？比尔·盖茨裸捐也是为了抑制微软帝国的商业行为吗？一个普通人对困难群体伸出援助之手也是为了抑制他自己自私的行为吗？毫无疑问，从结果上看，慈善公益对人的自私和贪婪具有抑制作用，但是慈善公益在本质上真的是为了抑制利己吗？很显然，从普遍的社会实践来看，慈善公益的形态是利他的，它会产生弘扬爱心与和谐社会的积极影响，但是从本质上说，慈善公益的确有明显的利己属性，比如说一个人做慈善和公益，可能就是真的为了改造社会这样一个想法，可能就是从事慈善的个人兴趣，在这个过程中他获得了生活的意义，在他不再需要财富积累的阶段，也算是一种类型的利己追求。同时慈善公益的利他行为又具有明显的功利性属性，也就是说，我们的行为形式上是利他的，本质上是利己的。这不是说我们每个人在具体实践上一定是精打细算的，很多人在行善时往往都很单纯地出自“爱心”，事实上这种“爱心”是形而上学的，因为我们释放的爱心在本质意义上并非没有预期，只是我们自己不自觉而已，所以中国人讲“我为人人，人人为我”算是对这个现象的精辟解释。

“狼”会成为“绵羊”吗?

为什么我们会对商业企业和社会企业产生比较大的争议，这个争议的原因是什么？社会企业、社会企业家，这两个词最近很火，但是在中国和国外也引发了很多争议。

我们需要把社会和企业这两个最原始的问题提出来，即我们这个社会的发展和企业的演化是如何形成的。社会以一个物种或群体为单位，人是一个物种，不管他们之间有多大的矛盾，一定会团结起来和非本群体的物种进行斗争。你从没有见过一个人帮助狮子杀人或者吃人，人一定会团结起来把狮子杀掉。群体如一个部落、一个国家、一个民族，国家与国家之间的斗争也就是群体之间的冲突。个体之间又存在生存性的竞争关系，每个人都想获得更好的物质生活，要有房有车。虽然每天都在想让自己过得更好，但是每天想的又在变化。在日常生活中，人类作为一个个体，一个群体的一部分，会不断地追求物质丰富，这是人幸福感来源的一部分。物质丰富又是相对的概念，一个人需要的和他所拥有的会形成均衡关系。有的人不一定真的需要飞机，比起飞机，或许一辆汽车更加实用，这种均衡是人满足感的基础。人和人之间又存在张力。如果我有能力，在以体力能力为主体创造这种均衡的社会里就会获得更多的崇拜。这种人在原始部落里就是英雄，他是被崇拜的对象，人们把他美化、神秘化。到现代社会以后有了启蒙主义，从而产生了现代性。这个过程中，道德逐渐形成并发展，这使得强者要向弱者施以援助，以保证弱者不被饿死。这是群体的需要，也是人生伦理的基本需要。

当出现现代性以后，就有种力量对人类原始的需求产生制约。原教旨主义的基督教是歧视商业的，他们认为做生意是可耻的。亚里士多德的著作里也讲了，“就知道做生意、赚钱的人是可耻的”。人类心中原始的需求被原罪化，并附加上了伦理和道德。宗教的意识形态抑制了人们的日常性。宗教曾经把人的创造力压抑到不能压抑的程度，马丁·路德的宗教改革和启蒙主义开始改变这一状况。改革首先主张的是赋权，以前只有贵族可以读拉丁文和《圣经》，那么改革者就把《圣经》翻译成德文、英文，让老百姓都可以读。新教在鼓励商业的同时，又继承了基督教一个最基本的教义，即“我是财富的守护者”。我创造了财富，但这个财富不是我可以随便消费的，所以基督教成了西方人精神世界和日常生活的精致枷锁，一代一代传下来，成了西方国家的基本国情。

我们再看一下企业诞生的伦理。一个村子里，最开始做生意的人一定是那个村里的能人。能人都不安分，天天琢磨事情，比如他想弄个木头轮子，发明自行车、汽车，当他做成以后就会获得更多的财富，这时候就产生了对他的第一个约束，即生存性约束。他会考虑从他身边的家人开始让周围的人也都享受到他致富的成果，这就是最原始的基于生存的一种慈善。这种慈善不同于公益，它存在于任何社会，甚至动物世界，于是纯粹的商业开始向公益的方向挪了一点点。

然后，现代企业进入第二个阶段，从原始的帮助进入到一个系统性的捐助社会。美国建国的意识形态是新教。在英国待不下去的新教徒们从英国的港口城市普利茅斯，登上“五月花”号，来到了北美。在路上死了不少人，船上有不少无赖、流氓，没什么文化，相互残杀，而另一些想要建立理想国的精英制止了他们的行为，起草了《五月花公约》。《五月花公约》是带有新教伦理色彩的，它是美国宪法的基础。在新教教义的制约下，美国人保持了既艰苦创业又厉行节约的精神。美国社会有大量的社会捐助，这是许多中国人不能理解的。

企业继续向左走，企业意识到不仅要捐钱，还要做企业守则。通用集团公司的总裁在20世纪20年代就提出，每一个企业必须要承担社会责任，即企业社会责任。西方资本主义的生命力非常强，西方商业能力不断扩张，创新技术、创新制度，同时不断追逐巨额利益，与此同时，企业身上道德的东西也越来越重。

企业不可能仅仅履行企业社会责任，企业还追逐着巨大的利益。资本主义社会里的权力掌握在资本手里，靠一般性的政党制度来确保公平，难度非常大。税收或者其他一般的东西也解决不了社会不公平的问题。资本主义发展到今天，它具有自发性的能够缓解人类自身张力的机制，这就是去政治化的力量。这就使得从个人捐款到企业履行企业社会责任的这个过程不是由某个党派号召而成，也不是因法律的强制性要求而成。资本主义之所以能够运转多年就是因为它不断产生对人类有威胁、破坏等负面的问题，但也不断地自发出许多限制条件。

按照这样的逻辑，企业只履行企业社会责任是不够的，于是社会企业就诞生了。社会企业以企业的方式解决社会问题，它可以赚高额的利润，也可以低利润运作。与公益不同，它不拿别人的钱做事，而是自己在市场上赚钱去满足需求。社会企业一定是在市场里赚了钱来解决社会问题。

社会企业还不够，又出现了包容性企业（Inclusive Enterprise）。包容性企业必须围绕社会问题去运作，雇用的员工必须为穷人。这里的包容性与达沃斯论坛提到的包容性不一样，后者是狭义的定义，而这里的范围更广。

我们回顾一下，从开始约束你，让你帮助人的最原始的社会能力到现代企业的这个能力，商业的确一直在向左发展，那么它的动力是什么？我们人类社会处在一个综合了前现代、现代、后现代、超现代不同阶段的时代，我们靠马克斯·韦伯（Max Weber）讲的人类固有的理性驱动，在不断产生各种各样的物质和精神产品的过程中，又产生了负面垃圾。我们人类与这个负面垃圾做斗争时，又给自己加上了伦理。这种伦理的约束是去政治化的，一直伴随人类走到今天。这中间就产生了商业和公益的模糊界限。当企业不断向左走的时候，公益去哪里了？企业向左走完全有可能不断挤压公益的空间，因为它足够强大，能够自己产生财富，然后解决社会问题。公益在面临企业向左走的过程中难免遇到挑战，如果公益仍然停留在等钱来资助的状态，进入这个行业的人都是找不到工作的人，参与培训、看看热闹后就离开，那公益遇到的挑战就会越来越大。

徐永光说公益要向右走，我的理解是，他说公益要学习右的手段，学习企业的手段来改造我们自己的工作。企业向左，但是它永远不会失去挣钱这个元能力，吃人的狼不会变成绵羊。企业只是在伦理的不断约束下，实现道德和赚钱之间此消彼长的互动。比如未来企业因为人工智能让许多人都失业，几百年后，大批人需要领取救济，企业可能就在他家门口拿出自己赚的钱派粮。企业永远不会失去赚钱的动力。此外，社会需要一个元公益伦理驱动的公益。因为企业社会责任和社会企业不是由元公益伦理驱动而成的，它是在公益伦理约束下产生的。商业向左是被动的，其本意并不想把钱拿出来。公益不奋起改革创新，就可能被一个在社会伦理约束下尝试出的商业性社会行为所迷惑、所俘虏、所消灭。不仅是中国，欧洲大陆的慈善公益也遇到了非常大的挑战。他们原来都习惯于大家捐钱，现在人们不再帮忙，就需要自己打造一个机构去做公益。

我们现在处于后物质社会，满足物质需求已经不是企业生产最重要的目的，所以，任何一个问题在后物质社会都是社会问题，这在前物质社会是没有的。前物质社会中，吃饭是最重要的需求，在吃不饱的状况下，夫妻纠纷等问题都是不存在的。所以，在后物质社会的企业都是在解决社会问题。我以上所指的企业发展主要都是以西方企业为主。中国现在的社会具有前物质社会、物质社会和后物质社会并存的特点，社会文化结构的不同就会导致每一层圈子的需求不同。这和西方社会不太一样，西方社会虽然也有分化，但是主要群体的特征、需求和文化符号基本一致，价值观取向是类似的。面对中国这样一个多特征群体的社会，对公益也就提出了不同的要求，需要不同形态的公益。我们现在的公益主要是一个中产阶级的公益，它的偏好都是中产阶级的偏好，穿透不了阶层，表达的内容老百姓听不懂。你给老百姓讲壹基金，他问是不是还有二基金、三基金。由于教育体系的原因，我们的年轻人是由一致性教育文化塑造出来的，他们始终只是一个小群体，自娱自乐搞创收，这样的群体不能发挥公益的整体性作用。也就是说，我们的资源不仅分散，而且不平衡，太多人是在自娱自乐，消耗了大量资源。这也是公益面临的一个巨大挑战，大家要意识到这个问题。

没了资本就没了公益?

传统慈善固然与财富相连，但是传统慈善更多的是人们力所能及的义举。现代公益则不然，现代公益和传统慈善最大的区别是有组织的行为。公益已经成为一个社会组织形态，公益组织有总监、财务、项目人员，一个公益组织小则几个人，大则几十上百人。他们要租房、支付工资、出差，俨然是一个非政府的“政府”。这些运行都离不开钱，而钱又是资本生出来的。我曾经说过，公益是最让人纠结的美丽，一方面对资本恨之入骨，这突出地表现在一些公益原教旨主义者的言论中，在他们看来资本家“罪大无比”；另一方面，又不得不笑脸相迎资本家。

2020年6月8日，中国扶贫基金会以“南方水灾告急”为主题进行网络募捐，计划筹款170万，结果仅仅筹到31万；壹基金计划筹款800万，只筹到80万；更令人失望的是，中国红十字基金会计划筹款60万，只筹到两千多元。有文章表示，这是中国进入互联网公益时代以来，理想与现实差距最大的一次网络救灾筹款。毫无疑问，疫情之下的经济已经呈现出对公益行业的负面影响，如果经济进一步恶化，那是不是意味着公益的资金供给将会更加困难？

我曾在2018年说过，中国公益在经历阳光明媚的春天之后，有可能进入冬季。公益组织在疫情期间遭遇筹款尴尬，实际上就是公益进入冬季的信号。公益与资本之间的矛盾和共生关系，是公益社会发展的一个结构性问题。一方面，公益通过最大限度地回馈社会，在很大程度上缓解了资本与社会的矛盾。只要公益不伤害资本生产和再生产的基本机制，资本就是公益的朋友，公益可以让资本变得更加正面。另一方面，现代公益离不开资本。从本质主义的角度讲，现代公益如果没有资本，那就失去了存在的价值，只能回到传统慈善阶段。而同时，资本又为公益的发展提供基本的资源，所以现代公益离不开资本，这是功能主义的视角。人类社会就是如此的矛盾，一方面制造问题，一方面又解决问题，而且制造问题的方案与解决问题的方案缠绕在一起，十分纠结。

人很聪明，总希望超越资本和公益这种结构性矛盾。2019年3月，在一个所谓“模糊疆域”的社会创新峰会上，水滴公司联合创始人使用了一个新词Hybrid（杂交），他们希望在商业和非营利之间探索一种新模式，叫作混合型组织。混合型组织的一个最大特点是，在一开始就确定公司的使命，然后按照需要来确定是使用公益还是商业的模式来达成这个目标。

中国人说得正面一些，是喜欢学习，说得负面一些，那就是有时喜欢抄袭，公益界也不例外。扎克伯格裸捐以后，没有像其他人那样成立慈善公益组织，而是成立了一家公司，做成了企业。美国在近十多年出现了一些所谓的共享企业，所以中国人就跟着学。这些毫无疑问也是公益的新动向，缺乏原创的人看到这些新鲜的东西一定会跟着学。我经常开玩笑说："为什么扎克伯格、比尔·盖茨不学中医呢？"这就是大家熟悉的技术引领创新。共享企业、社会创新其实和公益本身没有太大关系，这是资本主义新经济的产物。

新经济直接触及了社会的新需求。与满足日常消费和就业这样的传统商业不同的是，新经济的创新点在于解决传统经济产生的社会问题，比如现在势头发展很好的拼多多。我曾经对拼多多的创始人黄峥说，你这个年轻人对中国农产品销售的问题真的很了解。他说，李老师，我创业的时候就在农村跑，了解农产品的需要和销售问题。拼多多实际上是从卖菜卖水果开始起家的，农产品的生产和销售都有季节性，消费者最希望消费新鲜产品，而冷冻产品既是消费者不喜欢的，同时也是成本较高的，所以拼多多的拼团模式可以通过拼货的方式，拼得越多价格越低，这样的模式可以瞬间凝聚巨大购买力，从而解决了鲜活农产品需要短期内销售的难题。

我们过去在做公益的时候都希望能通过不同的方式为农民解决问题，很多公益组织创新了社区直销等不同类型的销售模式。我的同事也探索推动所谓的巢状市场，其实这些基于传统的公益形式都不如拼多多这样社交电商的公益效益好。你能说这些新经济不是公益吗？新经济是经济发展到一定程度的一个新阶段，新经济与传统经济不同的是，很多新经济本身并不销售任何产品，他们都不是卖实体的，他们更多的是平台，是服务商。因此，我喜欢用本质主义的概念来讨论问题，这类新经济本身就注定了它必须强调社会价值。这一概念其实从微软、脸书、谷歌这些早期一点的新经济模式中已经开始出现。

我们需要看到的是，新经济已经开始伴随着新公益，这是资本与公益关系的新特点。新经济所诱发出的新公益有可能从根本上调节公益与资本的共生性矛盾问题。很多人依然从商业的本质来看待新经济和新公益的问题，他们认为商业都是一样的，新商业只是资本家利用新技术谋取更大利益的一种形式，甚至有人说新经济资本家比传统资本家更加隐蔽和贪婪，而且致富更快，导致社会的不平等和其本身的破坏性也更大。我本人不研究资本主义，对此无法评价，但我们的确不能忽视资本主义与公益之间的这种共生关系的演变。

新经济与新公益的出现引致了很多所谓的混合型企业，这使得公益和商业的边界变得非常模糊。很多公益界的资深人士听到很多年轻的创业家是如何通过这些新的商业模式解决他们过去要花很多人力、物力都没有完全解决好问题的时候，大多都会变得极其支持这些所谓的混合型企业。但是有时候，我们又得面对一个社会现实，人毕竟是人，你能说新经济的人就不自私吗？不追求利润吗？通过解决社会问题创造更多的钱，难道就不会产生新的社会问题吗？如果说通过解决社会问题赚到更多的钱，同时又产生更多的社会问题，这样的混合型企业能说是公益吗？

水滴筹就是一家备受争议的“混合型企业”，水滴筹的社会价值得到了众多公益人士的好评，但是依然出现了很多问题。在对待新经济和新公益的问题上，我们不能使用技术可以替代人的假设，技术性和人性是无法比拟的。社会问题的复杂性主要来源于人性的复杂，新经济下新公益的逻辑设计没有问题，但是人性和社会性的复杂会干扰这样一种逻辑设计。假如一个在水滴筹中从事筹资的职员，他的工作目标是为更多缺钱看病的人找到潜在支持的客户，这个目标可以说是纯公益的。所以我们说水滴筹具有很高的社会价值，但是它的手段是商业的。再例如，职员的激励是找到更多需要帮助的人，同时也找到更多愿意提供帮助的人，所有这些东西都会产生流量，这是商业机制。从事这样一种公益的方式是商业性的，而商业性的激励就是经济。一个人在业绩的激励下开展具有公益目标的工作，实际上会产生很大的问题，这恰恰是新经济和新公益的某种致命性问题。在一些欧洲国家，他们的慈善公益都是在用一些传统的方式去做，我对此非常惊讶。我们不认为欧洲人比中国人笨，我的一位欧洲朋友讲，慈善公益没有那么复杂，社会中的一小部分群体需要帮助，我们就为他们提供帮助，也不是社会上所有人都愿意帮助，所以我们就找愿意做这种工作的人并组织起来去帮助需要帮助的人，仅此而已。

康晓光为什么道歉？

康晓光先生是一位极富个性的学者，思想深刻、为人厚道，但同时也极为刻薄，遇到看不惯的事情经常会不顾脸面大骂出口。我一般都是远距离欣赏他。最近，看到《公益慈善周刊》刊登的《康晓光：我为10年前怒骂冯仑真诚道歉》一文，颇有感触。我完全理解康晓光的公益立场，他对公益本质主义的坚守，让他在公益界享有很高的声望。我开玩笑说，他对资本家的憎恨超过有觉悟的无产阶级。他的公益立场，从公益角度来讲并无过错。公益与资本的结构性矛盾我在其他地方也讲过，正是由于资本的贪婪，才会有公益存在的合法性。所以，康晓光对裸捐的态度显然是可以理解的。我对此也是持同样的立场。因为资本无法摆脱剥削的本质，通过捐赠就可以洗去资本的原罪，让人类社会回归平等、公正，这是社会主义革命和共产主义理想的实质性内容。

公益不是一个简简单单捐赠和原罪的问题，而是一个复杂的社会经济现象。不能说企业家都没有同情心，更不能说企业家都不愿意做公益。在特定的情况下，不恰当的公益举措甚至会对社会造成伤害。前几年，陈光标的公益行为备受批判，有人将陈光标的公益称为“暴力公益”，认为它会对社会产生极大的紊乱。在中国特定的政治经济文化语境下，企业家们往往比像康晓光和我这样的学者，对实际生活的感受、对问题的判断更为敏感。国家有自己的政治议程，在中国这样一个国家主义主导的条件下，国家不仅具有强大的人力、物力和财力，而且也具有强大的政治影响力。在这样的条件下，解决社会问题的主体应该是国家，这是中国慈善公益首先必须面对的客观实际。

中国历史上没有形成独立于国家的社会部门，官府救灾、民间互助是相互嵌入的整体体系。传统上就有官民融合的社会结构，民间商业和民间行动与政治活动从未完全分裂，这是中国的政治社会传统，完全不同于现代公益发达的美国。美国的国家力量很少介入民间社会的活动，因此美国的大学、医院等机构甚至是维持社会秩序的力量，要么是个体，要么是各种民间基金会。这一传统一直持续到现在，从某种意义上讲，美国的社会如果离开民间社会是无法生存的，这是美国的政治社会文化传统，就像中国一旦离开国家，很难想象社会会如何发展。政治语境不同，一定会对慈善公益产生深刻的影响。在美国，慈善公益的捐赠特别是像裸捐这样的巨量捐赠，来源于在美国特定条件下，个人通过市场的竞争获得财富，从而回馈社会的一种特殊形态，同时也是美国社会得以运转的重要条件之一。这些捐赠几乎都能够不受干扰地与社会的需求相一致，因此，有观点认为，民间公益是第三部门，好像一个独立于国家没有组织的“政府”。

美国的民间公益门类繁多、大小不一，形成了一个嵌入社会的巨大的资源和福利供给的网络。从大病救助到奖学金提供，甚至到救灾，一直延伸到对外援助，无一不呈现着民间社会的强大和独立性。民间社会的独立性和回应社会问题的能力，给我们这些从事公益的人留下了深刻的印象，正因如此，第三部门的概念、公益的独立使命等，都影响了中国公益行业的发展。从这个意义上讲，公益捐赠特别是像比尔·盖茨倡导的裸捐，对美国社会的意义是不言而喻的。托克维尔在1835年考察美国的时候就发现了自愿捐助主义和慈善的精神，托克维尔在他的《论美国的民主》一书中对美国的社团惊讶不已，这些社团的运作完全依赖于自愿捐赠，这些捐赠包括捐赠者的时间和金钱。虽然很多美国人也不愿意捐赠，美国前总统卡特在2004年说，美国人对世界的痛苦漠不关心，但是，美国的自愿捐赠无论如何都是美国社会的重要特点。美国慈善捐赠的总额大概占到美国GDP的0.5%～2%。当年康晓光怒骂冯仑，因为冯仑对比尔·盖茨的裸捐提出了谨慎的看法。冯仑认为，企业家将财富裸捐给政府支配，无异于1956年资本主义工商业的社会主义改造。

冯仑当时的这个说法，不能说全有道理，因为企业家的捐赠并不必然给政府支配。在过去几十年的公益发展过程中，即便是在强大的国家主义支配下，中国公益仍然呈现出某种具有独立意义的社会作用。冯仑敏锐感觉到了在国家主义的语境下，企业家的裸捐是否能够真正发挥应有的作用，显然他是有所保留的。我在很多地方讲，中国是一个国家主导的社会体制，国家主导是社会治理的一种形式，不能认为国家主导就一定不好，当然，强大的国家主导会产生很多的问题，但同样，民间主导也会有很多的问题。新冠疫情发生以后，社会呈现碎片化的国家都出现了应对格局的混乱。国家主导、社会主导这样的争议还会持续下去，其实也无法有一个定论。就一般意义上说，中国的政府具有很强的能力和丰富的资源来应对社会出现的问题。例如，新冠疫情发生后，政府动员社会封闭小区、封闭交通、封闭城市，同时确保食品、药品供给以及康复治疗等。与此同时，社会治理程度高的国家在应对新冠疫情时，也出现了很多问题。

我经常讲，公益组织要多做一点轻公益和有效公益，背后的意思是，政府有解决问题的明确目标、战略和资源，解决社会问题的主导性资源在政府手里，公益组织不要去取代政府，公益组织能够做的是通过方案公益做一些解决社会问题的示范。如果这样的示范是有效的，政府也会愿意与公益相互配合。我在村里做了五年扶贫，其实用了很少一部分的公益资金，主要是不同的公益组织和个人的一些小额捐赠，在村里撬动了政府一千多万的投入。在中国的特殊条件下，是不是应该鼓励企业家裸捐，这当然取决于企业家的个人意愿，但是通过游说来动员中国企业家裸捐，还是需要慎重。当然，绝对不是说裸捐不好，如果裸捐的公益资源能够与政府的资源配合好，让整体资源发挥更大的效益，那当然是好事。问题是不要去替代政府资源，不要做政府正在做的事情，最好是做政府没有做或做不了的事情，而且在政府做不了的事情里，也主要是做解决问题的方案。

康晓光道歉的背后，其实也不全是关于公益如何做的问题，实际上他体会到了冯仑的一些担忧，这些担忧并非是公益领域滋生的问题，但是这恰恰说明慈善公益是一个特定的政治社会文化的呈现，不是一个简单的捐赠。公益领域不恰当的倡导和游说，往往会产生负面的影响。公益是一个特殊的行业，是一个站在道德高地上的标签，从这个高地发出的信息具有很强的道德杀伤力。同样，这个杀伤力可能会引起意想不到的负面结果。其实，在我看来，康晓光也没有必要道歉，因为他关于慈善公益的基本观点并没有错。冯仑也没有错，因为他并没有讲企业家不应该裸捐，他只是说要求、期待甚至诱导企业家都进行裸捐，他个人认为这是非常不幸的。

商业是公益，为什么企业家还要做公益？

现在有一种说法是这样的，“商业本身就是最大的公益”。这一观点对很多做公益的人来讲好像不太容易接受，对很多公益原教旨主义者来说，就更不好接受。但是仔细想想，投资人在市场中开发社会所需要的产品，增加了劳动力就业，同时还为就业者提供很好的社会保障。在现代商业为主导的社会里，商业的发展的确直接解决了社会问题。从这个角度讲，不能说商业就不是公益。如果再讲到很多现在流行的社会企业，那么商业和公益的边界显然就变得模糊了，这自然也是很多人持这种观点的主要依据。既然商业本身也是公益，那么为什么很多商业巨头还要专门做公益呢？

我经常把慈善和公益区别看待，慈善本身是在人类社会发展过程中逐渐形成的一种社会制度，这表现在无组织的个人行为和有组织的组织行为两个方面。作为社会制度的慈善之所以出现的主要原因是，人类社会在发展过程中逐渐形成的不平等。卢梭讲，人类处于自然状态时，只存在差异，但不存在不平等。当出现“这块地是我的”这件事的时候，不平等就开始出现了。不平等的出现，虽然是基于人类个体在生存竞争过程中的竞争性淘汰，但是私有制以及国家权力的出现，则会将不平等结构化。这就是我们经常讲的不平等的结构性。不平等的结构性会产生两个方面的影响，一是直接冲击人类的社会情感，比如，当一个富裕的人看到另外一个人遭受苦难时，他会产生同情、怜悯，这就是我们说的“人之初，性本善”。这也是很多学者相信慈善是人类本质属性的本体论方面的证据。二是在这样的条件下，同情和怜悯就会自然而然地滋生救助和施善的行为，这一行为的逐渐演化就形成了人类社会普遍存在的慈善的社会制度。慈善的社会制度的最大特点是自发性的，并非强制性的。所以我把这样的制度看作是平衡不平等的隐形的社会契约。这就是只要我们还有能力，只要有人号召我们去做慈善，大家一般都会积极响应的原因，这是人类美德通过自发性社会制度的主要呈现形式。

公益则是现代社会的慈善形态。现代社会最大的特点是资本主义的发展，资本主义社会与之前社会形态的最大区别在于商业的发展，其中资本、利润更是将人类社会带到追求利益的极端状态。成功的资本家都是精明的算计者，在资本主义的条件下，一个人凭借他的聪明才智、知识、社会资本以及他所拥有的机会，可以迅速地成为百万富翁。保护私有财产，保护个人投资，是资本主义制度最根本的特点。资本主义制度下所崇拜的道德和相应的法律体系，都是围绕着个体的自由选择、公平竞争以及私有产权。在这种情况下，剩余价值和剥削都是合法的。资本主义初期出现的无产阶级的贫困化和阶级的分化，将人类的不平等推到了顶点。资本家同样会吸收就业，关注工人阶级的生存状况，资产阶级主导的国家机器同样也会考虑劳动者的权益保护，但是，资本主义的核心是维持资本的生产与再生产。资本主义将人类的贪婪、自私发挥到了淋漓尽致的地步，从这个角度讲，“商业是公益”很难被人接受。

资本家既是一个追逐利润和财富的资本人，同时又是一个有家庭和社会关系的社会人，资本家的两面性又滋生了资本家的慈善行为。显然，资本家自己都会认为即便通过自己的投资吸引了就业，同时在财富的生产过程中缴纳了税收，这些都在解决社会问题，都具有某种公益的效应，但资本家一定觉得那不是公益。如果是的话，他可能就不会再去做公益。从这个角度讲，商业和公益是截然不同的。现代慈善不同于传统慈善，资本家在回应社会不平等问题时，往往更关注不平等的原因。卡耐基说，与其做慈善，不如把钱扔在大海里。所以在资本主义条件下产生的现代慈善就开始进入到教育、卫生、医疗等公共领域。当然，资本主义的公益本身另外一个重要的社会资源就是宗教。

公益与商业之间复杂关系的核心是二者在元问题上的差异。慈善公益本身追求平等，因为人类社会一直都存在着不平等，所以我才将慈善和公益看作是平衡不平等的社会制度。商业讲效率和公平，商业里的公平主要是指能者多得。从这个意义上讲，商业会产生不平等，所以，商业和公益之间存在着结构性的矛盾。成功的商人都知道自己是如何发财的，没有人会真正告诉别人他们是如何发财的。资本家从事公益自然有成功以后追求人生新目标的动力，但不能说没有通过公益补偿怜悯和情感的因素。这样说企业家似乎有点过于刻薄，但是恐怕也不能说就完全没有依据。一个企业家既是一个社会人，同时又是一个政治人，所以企业的慈善公益还有出于政治的考虑，这都是现代社会慈善公益变得复杂的主要原因。

资本主义的发展是一个非常复杂的过程，资本主义初期阶段的贪婪以及尖锐的阶级分化局面，随着资本主义制度的发展，出现了很多变化。福利资本主义是资本主义制度在面对产生社会问题时的一种制度的自我完善。虽然这一完善的基本考虑是工人阶级的劳动力再生产，从而能够更好地服务于资本主义的生产和再生产，但这在客观上缓解了工人阶级的贫困化问题。与此同时，资本主义的公益又在此基础上进一步改善了资本的再分配问题。福利制度和公益的社会制度成为资本主义解决社会分化和不平等的主要工具，这是西方资本主义发达的重要机制之一。

商业与公益这种结构性的关系实际上也在发生变化。最近十多年来，社会企业和社会影响力投资开始改变我们传统上对于商业和公益的看法。社会企业和社会影响力与传统的商业的确出现了差异，仔细想想，这一差异还可能是本质性的。我其实不太愿意断然下这样的结论，但至少用商业的方式解决社会问题这一理念与追求利润的传统商业理念是不同的。用商业的理念解决社会问题强调的是解决问题方案的可持续性，一旦采用商业理念就必定会导致受益的差异性，所以不论社会企业还是社会影响力投资都不可能像纯粹的捐赠那样显得更像纯慈善公益，这是很多人不同意社会企业和社会影响力投资也是公益的主要原因。但是，社会企业和社会影响力投资的确更像公益，就像马伟华、徐永光这些支持和倡导社会企业和社会影响力投资的大咖那样，与其守着传统的慈善公益只能解决一部分社会问题，还不如通过商业的形式来解决更多的社会问题。从这个角度讲，我们似乎不应该反对商业就是公益的观点。随着教育水平的提升，信息社会化程度的增加，特别是全社会整体福利水平的提高，商业面临着不同的政治、经济、社会、文化语境，我们不能把商业和公益的关系看作是一成不变的结构性关系。现代信息化革命、人工智能、区块链等都在改变这个社会，一批批受过良好教育、享受了优质社会福利的青年社会精英，他们更热衷于通过创新解决社会问题。这些人不满足于传统慈善公益的形式，而纷纷选择社会创新。我的小外甥从牛津大学毕业回来，天天在家里鼓捣通过公司的形式来搞垃圾分类，甚至希望通过公司的形式来为贫困家庭的孩子提供出国奖学金。和他们接触使我发现，他们热衷于用市场的机制来解决社会问题。一个社会中，人是最为能动的力量。一旦这些人坚持不同的价值取向，采用不同的技术来改变社会，显然这个社会是会发生变化的。很多企业家也都很热衷于用市场的方式解决社会问题，比尔·盖茨倡导通过社会创新解决社会问题，为现代公益开辟了新的前景。在一个变革的社会里，不应该墨守成规，需要积极地面对，投入到用现代商业形式解决现代社会问题的潮流中。

徐永光的公益向善

中国公益领袖徐永光对中国当代公益事业的贡献可以说是无人可比，他精力充沛到让我目瞪口呆的地步，经常一天会有至少四场的讲演，内容也始终离不开公益的效益问题。可能是出生在温州这样一个商业之都对他熏陶的缘故，在他的思想里似乎有着天然讲究效益的情怀，他在几乎所有的场合都毫不吝啬批判传统慈善的低效率问题，频繁呼吁公益要按照市场的机制运作，我把他称为公益市场主义的代表人物。徐永光对中国慈善公益现状的深刻批评来源于他长期扎根中国慈善公益实践的深刻体验。他从来没有脱离筹资、资助公益项目的形成以及运作等公益实践，他算是公益的“内部人”。我过去也做过一些公益，但完全是一个“外部人”，这几年或多或少也变成了一个“内部人”，算是真的有了一些基础来理解徐永光的呐喊。徐永光倡导公益市场化引发了中国公益界巨大的争论，其中最核心的是质疑他的主张脱离了公益的本质属性，有的批评甚至直言他将中国公益带入歧途。

从徐永光的很多观点来看，比如他对中国慈善公益现状的痛击和对市场、商业在公益中的作用，以及他对社会创新投资和社会企业的偏好，似乎对他的质疑和批判也并非毫无道理。但是徐永光从未否认公益的元使命，恰恰相反，他始终都把握了现代中国慈善公益如何有效解决社会问题这一根本使命。他之所以将公益、市场、商业、创新等连为一体，是因为他把握了当代商业发展过程中资本在社会使命驱动下出现的回归公共利益的趋势，以及资本和市场力量在商业创新的同时，产生公益效益从而对传统慈善公益形成冲击的现实，据此提出传统公益需要面对新型资本和市场挑战的一系列观点，显示了他对社会发展的敏锐反应。所以他提出“危若垒（累）卵的慈善体制将终结于互联网；公益要去行政化、去道德化，不可去市场化；淘汰掉1/3的公益组织，这个行业才有希望”等极端而尖锐的观点。在2019年7月30日杭州召开的“钱塘善潮”论坛上，他又痛斥“情怀最伟大，过程很享受，结果不重要的滥行布施式慈善”的弊端。

徐永光的公益市场主义的主张事实上包含两个方面的含义。首先，在利他和利己的关系上，他主张利己为先的观点，他甚至说过做公益的99%是“私”字当头。从公益实践者的角度来坦承人为什么做公益，徐永光从未否认公益向善的社会意义，但他对公益完全基于利他的动机持有疑问。我认为，无论是徐永光讲的公益某种程度上也是利己的，还是我在有些地方提到的利他和利己的关系，都不否认公益是利他行为的结果。但是我认为，利他是从属于利己的，那么由利他派生出的慈善公益，最终也是利己的。这个说法定会招致大家的批判，因为这样一个说法似乎让我们觉得这个社会真的很不一样，一切东西都是利己的、自私的。

利己与自私的的确确是人类的本质属性，基思·佩恩（Keith Payne）在有关人类不平等的社会心理学研究中提出的，所谓社会地位和攀比导致社会不平等的理论，以及在他的著作中使用的大量案例也很清楚地展示了个体利己性的属性是如何形塑社会结构的。同时，我们也应该看到，利己绝不是人类属性的全部。因为利己的自私属性会对人类的生存产生破坏作用，所以作为对利己的修正，人类具有了利他的属性。从这个意义上说，利他的属性是从属性。因此我主张利己为先的观点，也就是说我们做公益的，在某种程度上，不管是自觉还是不自觉，在本质上也都是利己的。

其次，徐永光的公益市场主义思想还不仅仅局限在公益需要用市场化的思维来提高效率这样一个功能主义的含义上，其积极意义在于如何认识当代商业主义的发展趋势。一方面，现代技术的创新，如互联网技术的发展，互联网的商业化发展绝对不是公益，但是互联网技术本身的信息产品以及运作方式却产生了巨大的公共性，而且实现了前所未有的赋权，尤其是能够让穷人和弱势群体直接以最廉价的方式购买服务和出售产品。从这个角度讲，这是传统慈善公益始终都在努力做的工作。当现代技术和现代商业以这样的形式努力实现慈善公益，而且现代技术和商业又比慈善公益更具创新性和效益的时候，你还能够满足于固有的“资源搬运工”的工作吗？举一个不太恰当的例子，很多公益组织都使用各种各样的办法让低收入群体购买到便宜的商品，同时又通过各种形式组织低收入农户出售他们的商品。电商新秀拼多多依托其“社交电商”的创新模式，为数亿处于社会中下层的群体提供了购买、出售产品和服务的平台。如果有人问，拼多多这算是在做公益吗？我们能理直气壮地否认吗？我并不是说这些新型的商业都是公益，但是我们的确需要面对这样一个挑战。另一方面，如果资本和商业更明确地瞄准解决社会问题，而且采用公益的使命，商业的模式，那么我们又该如何思考公益和商业的关系呢？徐永光提出的“商业向左，公益向右”，公益与商业边界的模糊，恰恰是对商业和公益新发展趋势的敏锐把握，他所提出的公益市场化的主张，是在为公益指明一个发展的方向。

孟德斯鸠说“有商业的地方，便有美德”，哈耶克也说“穷人更需要的是商业，而不是慈善”，他们都讲到了慈善公益与商业的问题。如果徐永光主张由于公益行业效率低，所以都应该转行不做公益，去做纯粹的商业，那么我可能就会成为他的反对派。公益如何以大众受益为本，通过市场和商业的方式，则可能是公益与商业发展的重要方向。同时我也需要指出的是，即使公益和商业的边界正在变得模糊，但是公益人还是要不忘初心，牢记使命，还是应该看到资本和商业的负面性。公益人不应该成为商业和资本的奴隶，而应该让商业和资本转变为公益的能动力量。

遗产税与公益

无论你如何不喜欢资本，现代公益都无法离开资本。在资本与公益的系谱上，存在着两种极端，一种是公益人倾向于用更多的资本从事公益，另一种是资本人有可能倾向于用最少的资本来从事公益。当然这仅仅是一个假设模型，但这实际上也会在很多情况下影响公益与资本的关系。因此，慈善公益的社会伦理和国家的税收法律就成了调节公益和资本关系的两把利剑。在普遍接受慈善公益伦理的地方，即使没有强制性的法律和政策，很多富人依然愿意将自己的资本更多地用于公益，但这并非是所有的情况，因此，国家的税收以及涉及遗产的相关法律就会成为除了慈善公益的社会伦理之外，为公益提供更多资源的重要手段。公益和资本的关系，往往也需要假定公益是一个有利于社会的行动，否则为公益提供资源的任何法律就失去了合法性。随着中国经济的发展，中国企业家群体的壮大，个人拥有的财富越来越多，因此，公益与资本的关系也越发突显出来。中国的公益已经开始由以国家支持为主，转向由民间社会支持为主的阶段。在过去几年，公益事业的捐赠大部分来自民间社会，与此同时，在调节财富使其更多地用于公益事业还是传承给后代这个问题上，遗产税的问题也会逐渐突显出来。当然，我们民营企业家的成长时间还比较短，企业家群体的数量还不算很大，还不能够出台更多的抑制财富积累的法规。从抑制社会不平等、调节社会分配的角度，遗产税的问题也会随着个人财富的不断增长而呈现出其合理性。

那么遗产税和公益之间究竟存在何种关系呢?

从税收的角度讲，遗产税可能是最能激励富人将财富更多地用于公益而不是传承给子孙后代的有效机制。第二次世界大战以后，美国进入到一个遗产税征收的新阶段。一个继承500万美元以上遗产的人，可能需要支付高达70%的税，即使经过了不断的减税政策，在美国，继承超过512万美元遗产的个人，也仍然需要支付35%的遗产税。征收遗产税在整体上讲，是平抑财富的重要手段；理论上讲，遗产税是政府财政收入的来源，和公益本身并无直接的关系。但如果对于个人的捐赠实行免税的话，那么捐赠可以从遗产中实行免税扣除，这将会大大提升公益捐赠资源的供给。

1936年，福特将他公司的大部分股票捐给了刚刚建立的福特基金会，因为当时美国国会把超过5 000万美元遗产的税率提高到70%，所以当初的美国社会认为福特是在逃税，因为福特基金会为福特家族节约了3.2亿美元的税。但问题是福特家族的这笔捐赠没有留给子女，即便有逃税的动机，他却给了福特基金会，而这个基金会用这笔钱开展了公益活动。也正是这笔“逃税”的钱，成就了今天在全球产生重大影响的福特基金会。

遗产税和捐赠免税的法律让资本人最终成了公益学家，这是现代资本主义发展以后，通过制度性和强制性的法律，调节社会公平的重要手段。资本主义具有追求剩余价值的贪婪本质，这是马克思在资本主义发展的鼎盛时期对资本主义制度本身的深刻批判。这是建立在人文主义基础之上的批判，这样的批判具有道德的合法性。资本主义制度如果力图生存下去，就必须解决这一与人类生存发展存在着本质性冲突的特性。毫无疑问，遗产税和公益捐赠的免税法律也就成了资本主义本身生存与发展的重要手段，资中筠将此称为公益资本主义。美国有着全球数量最多的私人基金会，这些大多都是在遗产税和捐赠免税的法律条件下逐渐发育出来的，遗产税使得美国的很多企业家成了举世闻名的公益学家。

遗产税本身的确是一把“双刃剑”，所以美国长期对遗产税存在着争议。保守主义的政治家一旦上台，总是承诺大幅削减遗产税。事实上，从第一次世界大战开始实施遗产税以来，美国的遗产税率也一直处于下降趋势。但是在美国，同样存在着支持征收遗产税的巨大政治力量。支持征收遗产税的群体能够获得很大支持的主要原因在于美国普遍存在着“人人公益”的传统，一些收入很低的人都会捐出自己收入的10%用于公益事业，那么富裕的人为什么不能够将其财富捐出呢？这一捐赠的社会压力对于富人来讲非常沉重，因为富人的财富同样来源于大众。

除此之外，也是非常重要的一点，美国多数人口，包括富人在内，都不同程度上受益于公益。公益在美国社会中发挥着不可替代的作用。公益有利于美国社会财富的积累，也有利于美国社会的和谐发展，是美国社会的一个普遍共识。因此，一旦将遗产税与公益捐赠的免税相关联，即可大大提升对遗产税的支持率。在美国，大家不太相信政府的作用，这一点与欧洲不一样，美国社会更倾向于通过个体、社区和社会的自组织来解决自身的社会福利问题，一旦提升遗产税的税率，且这样的一种税收无法与美国公益事业相联系，那么对于遗产税的支持率就会下降。这是美国例外主义的一个特点，即他们不完全信任政府。

这几年，虽然我们没有过多讨论遗产税的问题，但也都在讨论税收的捐赠减免和扣除，这是大家讨论的热点之一。北京大学的金锦萍教授是公益法律的知名学者，大家经常会向她求教，讨论各项扣除政策。我曾经咨询过一些专家，希望能够将我收入纳税的部分作为捐赠，经过反复核算，我发现这样的捐赠非常麻烦。所以耶鲁大学的罗伯特·希勒教授就提出，要想让更多的人捐赠他们的财富，即使在美国也需要简化税法，这样才可以激励更多的公益捐赠。

中国公益资源的供给问题是目前公益事业发展的重要瓶颈之一。很多公益人士认为中国的资助型基金会太少，其背后隐含的问题也恰恰说明中国用于公益的捐赠资源不足。从美国的经验来看，要想创造一种捐赠文化，以及逐步提升财产税、遗产税的社会支持度，首先要让公益在社会生活中发挥重要作用。也就是说，一旦社会中的大多数人在自身财富积累的过程中，在自己的生活中，都离不开公益的支持，那么公益的捐赠就会成为一种文化。一旦社会中的一些人盗用公益的名义做个人财富积累的事情，社会大众就不会支持公益。从这一点上讲，强调公益的原教旨主义者的很多观点是有道理的。

中国的公益正处于蓬勃发展的阶段，但是公益还没有成为深入人心的社会行动。在很多乡村，很少能见到公益项目，也很少能见到本来应该极为需要的志愿者，像我这样的公益组织在招聘志愿者时，也很少有人应聘。我曾经批判我们的公益经常做高大上的各种论坛，很多公益志愿行动是到城市的社区做一些宣传、搞一些活动，这些活动并非有什么问题，但如果大量的公益资源都没有用在社会大众切身需要的地方，社会大众不能够亲身体验到公益的重要性，甚至是不可替代性，那么如何能够动员大众来支持将财富用于公益的行动呢？当然我不是说我们的公益都没有贴近大众的需求，“希望工程”、公益组织参与汶川地震救灾，就是中国公益贴近中国大众的典型案例。也正是像这样的公益行动，才真正为夯实中国的公益基础做出了巨大贡献。我们需要更多的公益资源进入中国经济社会问题的主战场。

公益离不开资本吗?

传统意义上的慈善，是一个历史和社会普遍的现象，但是公益则是一个以市场机制和资本紧密联系的社会行为。美国的公益与资本的关系尤为突出，欧洲有着传统的宫廷慈善和艺术赞助的慈善传统，欧洲也是资本主义的发源地，但是欧洲资本主义在其发展的过程中不断受到共产主义思潮、社会主义思潮、民主社会主义思潮的影响，在国家的建设过程中，不断削弱个人财富的积累，逐步发育成了福利型成员国家。欧洲也有各种各样的基金会，但是相比美国而言，公益与资本之间的关系并非十分明显。所以，我们一旦讲到公益和资本关系的时候往往引用美国的案例，美国自由市场经济制度的主要特点是：机会、企业家、财富的创造和公益。美国的学者将公益看作是美国自由市场经济的重要组成部分，言下之意是公益与资本之间有着密切的关系。美国公共政策学者、乔治梅森大学教授艾斯（Zoltan J. Acs）认为公益是美国社会变迁的强大推动力，与市场经济在同一轨道上运行，并与美国自由市场经济制度密切相关。公益源于市场经济机制，同时也滋养了这个机制，它是自由市场经济的产物。

我们对资本与公益的关系往往是从单方面来理解的，因为公益是一个消费领域，需要资本的供给。因此讲到公益与资本的关系时，大家认为公益当然离不开资本，从这个角度来理解公益与资本的关系比较容易。当然，这里面还会涉及捐赠的政治经济学问题，但我们很少关注公益与资本另外一方面的关系。从美国的案例看，公益也为创造机会、企业家培养和财富的积累提供了动力，美国公益大量捐助大学、中学和图书馆，提供了大学奖学金中的大部分资金，更为重要的是，美国大学的多数研究中心都来自公益资助，相当多的创新投资也来自公益资助。盖茨基金会就在资助各种旨在解决社会问题的科技创新，公益的支持创造了大量的科技专利，同时为美国培养了具有创新能力的人才。公益对于这些领域的支持，比国家的支持更加有效，其主要原因是公益的支持没有复杂的官僚程序、决策过程简单、交易成本低。更为重要的是，这些支持具有很强的风险承受能力，主要原因在于私人的捐助更大程度上取决于捐助者的愿望，而不需要公共问责。也就是说，当社会上出现某种创新的苗头时，即便这个投资存在风险，只要捐助者认识到这一投资的重要性，任何机构无须为未来出现的失败承担责任。当然这不是说，任何公益的投资都不计报酬、不考虑风险，而是说，私人捐助的资金与公共资金在使用上存在着差异。

李铁到河边村时，居住在一个农户家里，家中有一个正在上学的孩子，他想资助这个小孩上学，我告诉他，该农户现在的经济能力可以支持孩子上学，我们现在原则上不支持客人来资助。他问他还能做点什么？我说你可以做一些创新投资，比如可以帮忙把这个农户的客房改造成一个家庭独立居住的高端客房，因为我们希望把河边村发展成高端、休闲和小型会议的新业态经济村庄，这里有得天独厚的热带雨林和瑶族文化的资源。他认为我的建议非常好，投资 40 万元建了一栋高端的雨林公寓，这个雨林公寓还没有建好时，他的朋友就开始询问什么时候可以入住。

这是一个极为普通的公益案例，想要寻求资金在偏远的山区做出这样一个示范，在政府渠道是很难获得资金的。李铁和我讲，他准备投资 2 000 万，用于研制自动割胶机。随着劳动力短缺，割胶作为劳动密集型行业受到越来越大的冲击，如果能够研制出自动割胶机，那将会大大缓解胶农劳动力不足的问题，我把这个行为看作是一种公益性行为。我曾经在《捐赠的政治》中讲了公益被资本人主导的问题，但是艾斯认为公益总是受制于富人的想法，似乎无论我们如何去影响出资人都不大可能从根本上消除这种影响。所以我们寄希望于企业家能承担起更多的社会责任，但是，仅仅从财富再分配的角度去说服企业家来承担社会责任，往往是有局限性的。

从社会正义的角度来说服富人捐出他们的财富非常重要，但这往往并不必然能够激励更多企业家拿出更多的财富。一旦企业认识到公益与资本的良性关系，那么富人对公益的热情就会更加可持续，美国那些基金会的资金大约有 1/4 是投向教育，还有 1/4 投向医药和其他类型的科学研究，也就是说美国的公益，非常明显地投向了与美国自由市场经济紧密相关的领域。美国早期的新英格兰地区和后来的西部地区绝大多数的农村都有学校，到 1800 年，美国的白人识字率全世界最高，这些学校大多是由那些有实力的农场主、商人和宗教领袖建立起来的，美国的许多大学也都是由富有的农场主和商人建立起来的。从这些方面我们可以看到，美国的公益和市场之间形成了共生的关系，经济繁荣为公益提供了资源的供给，反过来公益的力量也促进了美国自由市场经济的繁荣。

我们现在一讲到慈善公益总离不开为弱势群体提供资助的话题，从过去到现在，我们公益人主要的精力也都还在政府没能涉及的，或者政府工作不够理想的社会服务领域。最近几年，如何有效解决社会问题日益成为公益界广泛讨论的主题。社会影响力投资，也开始进入公益圈，由于这些领域存在着公益与商业之间界限模糊的问题，因而也招致了不少公益人的批评。至于说把公益看作是资本生产的重要推动力，争议可能会更大，这也是许多公益市场主义者所面对的批评。

从这个角度讲，许多中国的资本人还是敏锐地感觉到公益与资本共生关系的重要意义。斯坦福先生和康奈尔先生，可能不会想到他们当初捐助建立的这两所大学对于美国和全世界究竟意味着什么，也许当初我们仅仅把他们两位看作是捐出资产的慈善家而已。当中国的几位资本人共同决定资助西湖大学的时候，我们可能更多的是疑惑，中国有这么多的大学，这样的公益有何意义？但是只要仔细看看西湖大学的办学模式和理念，你可能会对这样的公益产生兴趣。我们无法把公益在这些领域的投入看作是一个能够直接产生利润的投资行为，因为它的受益是公众的，利益的外溢十分明显，这正是现代公益的优势，它会为社会提供源源不断的创新产品和高质量的人力资源。中国越来越多的企业家开始认识到捐赠对于一些社会救助领域的局限性，开始把为解决社会问题的创新作为他们的公益目标，这一过程也恰恰是在中国的市场经济发展过程中逐渐形成的。越来越多的中国企业家在大学里设立基金，资助研究。虽然这一规模还不能和美国相比较，但是可以预计，随着中国经济的不断发展，更多的捐赠将会进入到社会创新领域，公益和资本之间的共生关系将会越来越明显。

阿拉善 SEE 基金会象征着什么？

中国慈善历史悠久，随着清末民族资本主义的兴起，以企业家捐赠公益为特点的中国现代公益开始出现。

盛宣怀是与胡雪岩、张謇并列的清末三大企业家。盛宣怀创造了中国第一个电报局、第一家银行、第一条铁路、第一个钢铁公司、第一所高等师范学堂、第一所公共图书馆和第一所近代大学北洋大学堂，并且创办了中国红十字会。不仅如此，他还通过让灾民参加工程建设获得劳务报酬，创造了以工代赈的扶贫先例，谈中国现代公益绕不开盛宣怀。他病逝以后，根据他的遗嘱将一半家产捐赠为慈善基金。盛宣怀是民族资本主义企业家承担社会责任的代表人物。从盛宣怀的公益活动中，我们可以看到这些公益活动既有帮助贫困群体的传统慈善的社会救助，更为重要的是，他的慈善活动开始进入到与现代资本主义发展密切相关的公益领域。盛宣怀也仅仅是在中国资本主义发展的萌芽时期的代表人物之一。

陆伯鸿是20世纪知名的实业家，他于1912年在上海市政厅和上海慈善团体的委托下，扩建了上海普育堂，定名为新普育堂。在他的资助和领导下，上海新普育堂成为全国最大的慈善机构。20世纪30年代，王一亭经商成功之后投入巨资创办了一系列的慈善基金会，如上海孤儿院、上海中医专门学校、浦东医院等。王一亭除了自己投资外还同时在商界募捐，他本人也是著名的海派书画大师和辛亥革命的功臣，所以他也利用其身份举办各种募捐书画展、戏曲义演等。

以上这些都是自晚清到民国期间中国企业家推动公益事业发展的一个缩影。虽然从形式上看，晚清和民国时期的企业家公益既有着传统中国慈善的特点，又有着明显的美国现代公益的色彩。但实际上这些公益活动恰恰呈现出资本与公益之间的某种共生关系。我们在对现代公益的理解方面往往很容易从利己和利他等方面来分析慈善公益的动机，尤其是对于像比尔·盖茨这样发起“捐赠承诺”的慈善家为什么会裸捐深怀疑惑。我们可能更难理解为什么如盛宣怀这样的仅仅处于资本主义初期阶段的企业家，也能将资产的一半捐赠给公益。我们有些时候需要从超越传统慈善的一些观点，从资本主义自身发生的规律与公益之间的必然联系方面来理解公益与资本之间的关系。

新中国成立以后，国家全面覆盖了社会的公共事务，民营企业家退出了经济舞台，以民间组织为主体的公益事业退出了公共事务的舞台。

如果说，“希望工程”是中国现代公益的起点，中国扶贫基金会的成长是中国公益组织专业化发展的标志，汶川抗震救灾的民间公益参与是中国大众公益觉醒的标志的话，那么阿拉善 SEE 基金会则标志着当代中国企业家有组织地进入社会责任领域。大众性公益既是传统慈善的社会基础，也是现代公益的组成部分。现代社会离不开资本，离不开企业家，因此，企业家公益是现代市场经济社会公益的重要组成部分。

阿拉善 SEE 基金会对于中国现代公益的影响是多方面的。首先是企业家群体性的志愿精神。阿拉善 SEE 基金会不是一个企业家的行动，而是在中国改革开放推动下成长起来的一批知名企业家共同的志愿行动，这一群体效应极大地激发了中国企业家的公益热情。阿拉善 SEE 基金会在成立的几十年中聚集了中国最优秀的企业家群体，如刘晓光、王石、艾路明等。

其次，这些企业家将他们的公益行动聚焦在环境保护的领域，为解决现代发展的问题做了一些实验，呈现出中国新一代企业家承担社会责任的新情怀。阿拉善 SEE 基金会的公益环保行动对于推动中国民间环保事业发挥了巨大的引领作用。

再次，阿拉善 SEE 基金会超越了传统慈善公益的局限性，将科学公益作为改造沙漠的主要途径。通过开展节水试验示范和推广、科学研究和示范基地的建设等方式来提升公益效应。不仅如此，阿拉善 SEE 基金会还将沙漠的治理与可持续的社区建设相结合，将环境保护与乡村发展相结合。阿拉善 SEE 基金会的这些实践都显示了中国企业家群体在解决现代发展问题方面具有的成熟设想方案。

我在阿拉善 SEE 基金会建立的初期与当时的基金会秘书长杨平先生有过一些接触，那时我是澳大利亚国际发展署阿拉善草地和沙漠治理项目的专家。杨平来参加我主持的参与式社区发展的培训，我当时就对他们这样一个由企业家发起的基金会居然还研究社区发展深感意外。

最后，阿拉善 SEE 基金会还践行了一个民族有着严格问责机制的基金会治理机制的实验，他们的会长是轮流制的。这种轮流的机制在既没有消耗企业家大量精力的同时，又有效地激发了企业家的个人积极性，从而在总体时间跨度上实现了领导力的最佳配置。

很多人对阿拉善 SEE 基金会做过不同视角的研究，我并没有系统研究过它的运行和管理，只是在和阿拉善 SEE 基金会的同事们的交流中了解到他们的一些工作。企业家做公益比较看重效益及其可持续性。王石问到我在河边村的公益实践时，他就敏锐地捕捉到河边村是否可持续的问题。成功的企业家知道如何创造财富，因此，他们一般也都比较关注财富如何有效地用于公益，这当然存在着资本主导公益的问题，但公益也恰恰需要在一个可持续的轨道上运行。

现代社会越来越不同于传统社会，严格意义上的救助群体会越来越少，解决各种社会问题的需求越来越大。从这个角度讲，企业家带动的公益往往都有着得天独厚的优势。阿拉善 SEE 基金会的意义是多方面的，它不仅显示了中国企业家的公益情怀，同时也显示了资本和公益之间某种积极共生的关系，同时将企业的治理机制带到公益行业，对公益组织的建设也发挥了积极的作用。更为重要的是，这些企业家没有将自己的财富作为简单的慈善捐助，而是将其通过制度化的方式转变为解决社会问题的行动。无论是清末早期民族资本主义的慈善公益，还是民国时期的企业家公益，抑或是中国当代企业家的公益，都显示了资本和公益之间的共生关系。

第五章　公益的创新

公益既是一个传统行业，也是一个现代行业。传统慈善由来已久，形成了各种各样基于不同社会文化特点的慈善方式。随着进入现代社会特别是快速转型的社会，对公益的需求日益多元化，这就需要公益不仅仅着眼于传统慈善的一些做法。公益需要创新。今天，无论是公益的资源供给主体还是公益服务的对象都已经发生了很大的变化。公益不可能简单地把资源从捐赠方传递到需求方，公益最大的使命越来越多地集中在如何解决社会问题。过去的捐赠很多都是现金捐赠，随着互联网金融的不断发展，市场支付和交易方式日益创新，这都为更便捷地筹资提供了条件。“99 公益日”的网络众筹就是一个巨大的公益创新。公益创新还需要着眼于我们对公益观念方面的变革。我们过去对于商业资本介入公益，在希望得到捐赠以外，更多的是警惕。随着对公益效益和解决社会问题方案需求的不断增加，商业和资本通过商业模式介入公益的行为也越来越多，这类的创新也越来越多。即使对资本和商业持谨慎态度的公益人士，也不得不承认他们不反对资本和商业介入社会，他们反对的是利用公益达到获取财富的目的。这当然也是对的，但有的公益人士认为即使在这样的过程中产生了财富积累，如果这些资本人和商人的的确确做了公益那又何尝不可呢？商业与公益的争议涉及了在新的经济社会条件下，如何对待公益创新的观念问题。新的一代人，更多接受的是变革创新市场的观念，这些年轻人提出的很多公益方案，都是基于市场的创新。社会处于一个大变革时期，公益也一样，需要从观念、理论和实践上进行创新。

过去十多年，中国慈善公益领域最大的创新就在于，相关实践正在逐渐脱离传统的以捐赠救助为主要形态的慈善公益活动，开始逐渐聚焦如何解决社会经济转型中出现的问题。这些创新，有的直面转型过程中的发展难题，有的聚焦解决慈善公益的效率问题，还有的则通过创新性的政策实验引导政府的行动。应该说，过去十多年也是中国慈善公益发展最快的时期，各种创新不断涌现。在这期间，一个值得争议的点是商业和公益的主题问题。本章并非详细介绍中国的慈善公益创新，而是选择若干作者相对了解的慈善公益项目，对这些项目的慈善公益含义进行一些评论。

互联网众筹

国外的朋友从我的微信朋友圈里看到我在参与腾讯“99 公益日”的众筹活动。一位朋友从他的中国学生那里了解到这次公益众筹的情况，跟我说，“天哪！这好像是又一个奥林匹克盛会”。彼时，我是刚入公益界的新人，对公益筹资知之甚少。起初，我认为我的项目没有催人泪下的悲惨故事，也没有专业团队进行项目包装，因此并没打算参加这种形式的众筹。我设计了“发展伙伴计划”，希望号召长期从事发展实践和扶贫等领域工作的专业人士参与其中，进而依托他们建立起一个大的“发展伙伴群”，通过“发展伙伴群”实现各种形式的长期支持，从而支持我称之为“方案型”的公益性项目。但是我的同事说，“李老师，您不能进行筹资，这是非法的”，于是我是犹豫着被卷入“99 公益日”这场公益资源大赛的。不得不说，现代技术实在太伟大了，借助腾讯公益的这个平台，“小云助贫”圆满完成了预定的筹资目标，甚至到最后很多热心人士还没来得及点击捐款。4 008 人参与了这个连我自己都不甚乐观的公众筹资项目。我把这个消息告诉项目村的村民，他们无不欢欣鼓舞。显然，这是一场大家都得了冠军的公益盛会。然而，热闹过后，我突然觉得内心有些纠结：究竟谁是这场竞赛的赢家？

腾讯的这一众筹活动具有划时代的意义。我毫不怀疑腾讯通过配捐的方式发动活动的公益动机和公益效果，更无法抗拒科技时代工具性技术的伟大力量。显然，我们已经告别了传统的捐款方式。现代技术驯服了人们不受约束的天性，我们只能凭着那点可怜的个人能动性与现代技术周旋。于是，当腾讯在活动第二天改变规则时，我们就跟着改变筹款策略。腾讯的后台技术操纵着我们的时间安排和感受，那些不想使用银行卡绑定支付的人也不得不绑定，因为有朋友请他们支持，若要完成线上捐款就必须使用腾讯的支付渠道。技术不仅绑架了我们的日常生活，也开始绑架我们的爱心。腾讯通过配捐激发了数千家公益组织的筹资投机行为。公益组织也不过是由自然人组成的组织形态，在配捐的激励下，他们动员了成千上万的公众把自己的钱打入腾讯的流动性里——善款不是给腾讯的，是给公益组织的。这场公益盛会为腾讯获得了巨大的道德资产，同时也获得了巨大的潜在商业利益。

之前，有学者和我讨论公益组织的独立性问题。我们知道，从某种程度上讲，技术向来就具有资本和权力的偏好。一旦资本和权力有了现代技术的武装，那几乎可以肯定，我们都会沦为奴隶。公益也不例外，除非公益拥有自己主导的技术。我不愿对任何人做预设性的道德评价，那样会撕裂社会的融合，因此我更倾向于认为资本人也是和我们一样的人，既有利己性也有利他性，所以资本人才会有慷慨的捐助。资本虽然是财富生产最重要的基础，但它的本质是贪婪的。资本人和我们一样，都需要和资本的贪婪做斗争。对于资本人而言，他们和资本的斗争比我们更艰难，也更纠结。所以，我更倾向于认为，腾讯的资本和技术的结合对公益的负面影响只不过是副产品，并非腾讯的初衷，即便这个过程中有某种商业战略的考虑，我们也会予以理解。

当下，大多数人都热衷于现代的公益形态。腾讯发起的借助微信的众筹，极大地便利了公众的捐助，简短的公益项目介绍以及便捷的支付方式无疑是这次众筹取得成功的重要条件。然而，配捐激励的长期性社会影响则需审慎评估。同时，我们需要理解公益组织的人格化特征。配捐虽未直接干预公益议程，但却引发公益资源筹资投机行为和捐赠行为的异化。一方面，配捐引起了公益资源的不平等分配，调整后的单人每天最高配捐额度 999 元的规则又引发了公益组织为获得配捐的相应博弈，很多对策已完全脱离公益的基本原则；另一方面，配捐刺激了众多公益组织极尽所能动员大众甚至不惜逼捐。配捐无疑让资本人的慷慨做到了效益的极致，但却无形中打乱了公益的日常秩序和大众的社会交往。这背后的实质是公益屈服于资本和技术的影子权力。当数亿元善款流入公益组织腰包的时候，我们能说我们是赢家吗？我以为，这场竞赛真正的胜者应该是那些真正平衡了利己性和利他性并战胜了资本贪婪的人，这是公益应该始终坚持的伦理。

腾讯“99公益日”这场前所未有的公益盛会，吸引了两千多家公益组织摩拳擦掌投入竞赛，多的收获千万善款，少则也有十几万。几乎所有参与我项目的人都认为，这个活动改变了他们的公益观，展示了我们社会的另一面，还有那么多人需要帮助——这不是大灾大难的赈灾捐款，而是日常公益的集中爆发。我们习惯了官方动员而长期对民间力量麻木的神经，在某种“利益”的驱动下跳动了起来！为此，我们欣赏腾讯的智慧和慷慨，欣慰中国公益组织的成熟和大众的公益热情。然而，我们也要看到，为了竞争公益资源，公益组织不惜各种努力，通过各种现代工具冲击大众的情感空间。我项目的募捐宣传因为未经专业包装，被认为不够专业、不够打动人心！其实，从内心讲，我个人对把弱势群体的生活照片放上来吸引大众眼球的做法是心存不安的，但我没有选择。就像我在不同场合提到的那样，在公益资源的供给单一和不足的情况下，公益组织的生存性竞争无可厚非。尽管庞大的公益组织本身就是公益的问题，但公益没有公益组织不行，因为它肩负着道德责任，能够消解捐助人潜在的道德张扬和可能对公益议程的过度性控制，以及正当化弱势群体的无助感和受助的屈辱感。公益组织是缓解捐赠和接受之间张力的缓冲器，也是发育社会和谐隐形契约的制度化工具。然而，公益的机构化和专业化也会带来由于机构人格化而产生的负向外部性。商业性驱动的募捐具有很大的激励性，这就在客观上驱动很多公益组织去激发公众热情。无论如何，这种激发应该基于对服务对象需求的客观介绍，从而可持续地发掘资助人的利他情结。对于服务对象的过度消费，不仅会损伤受助人的尊严，而且也会纵容虚假公益产品的生产，并对潜在捐助人产生虚假性情感倒逼；一旦真相披露，公益组织的公信力就会受损，并最终波及整个公益领域，引发公益道德失范。因此，公益领域对此应有足够的警觉和明确的自律规范，否则公益的秩序就会紊乱。

具有超强度刺激的爆发式公益活动会吸引处于饥饿状态的众多公益组织集中精力进行资源筹集。我们应当看到，这一方面会产生对其他巨额财富拥有者的“同伴道德压力”，产生只有大亨才能公益捐赠的社会印象，从而削弱了公益组织创新大众公益方式的激励；另一方面，也会在公益组织之间造成“贫富分化”，那些草根组织完全没有能力与高大上的组织竞争。诚然，富豪的捐赠是公益资源的重要来源，但配捐激励出的3 000多万人参与的公益效益是无可置疑的。由此，换个角度想，如果我们能动员5亿人为公益捐款，每人每年捐出100元，我们一年就会有500亿的“人人公益”资源。进一步讲，如果我们所谓的中产以上的家庭能捐出年收入的5%，那我们的公益将是一个怎样的情况呢？应该说，我们的公益组织并不是没做这些工作，很多基金会，如中国扶贫基金会等开发了很多大众公益创新产品。我想指出的是，公益组织独有的价值恰恰在于如何唤起大众的日常公益觉悟。如此，既能使我们的公益资源供给多元化，又能有效地平衡由于供给和需求失衡所造成的对富豪捐赠的依赖——因为一旦产生依赖，公益很难行使其独立的社会使命。

这次公益大赛，让我思考“资助者—公益组织—受助者”之间的关系问题。公益组织具有双重代理身份：一方面，公益组织是受助群体的代理人，其代理的基本伦理是，在不损害受助群体尊严的情况下向公众客观呈现受助需求，而且公益组织也有必要对这个需求进行加工，形成所谓的公益产品；另一方面，公益组织又是资助方的代理人，需要按照捐助人的文化偏好生产公益产品，其代理的伦理是，公益资源的使用必须符合捐助人的意愿和与之达成的协议。这个过程看似简单，实际上涉及一系列复杂的问题。首先，公益组织对于受助群体的代理是志愿性和非义务性的，它代理一种愿望和预期；与此同时，这个代理又是必需的，因为离开受助群体，公益组织就没有了存在的意义，所以公益组织具有不断“生产问题”和夸张其严重性的天然激励，但这个属性只有道德约束，而无契约性约束。其次，公益组织对于资助方的代理是针对自然人的契约式行动，既有道德的，也有契约性的约束，它代理的是物化的价值。由于这个价值的形成凝结了捐助人的劳动，所以捐助人会天然地认为这是他（她）的无偿奉献，因此往往会自觉不自觉地附加条件，这就形成了公益链条中不对等的问责权力问题，最终造成公益组织的行为倾向于更多地向资助方而不是受资助方负责的现象，甚至可能导致公益组织完全屈服于资助方，我把这个现象称为“公益问责异化”。由于我们公益资源的提供者主要是富裕阶层和城市中产阶层，他们的文化偏好会直接影响公益组织的文化取向。公益组织根据这个取向生产公益产品，由这些精英来购买，然后再把这个公益产品推向弱势群体进行消费。腾讯99公益大赛可谓资本与精英主导的公益资源分配的盛会。微信宣传、微信支付和公益平台配捐都极其符合中产和精英的文化偏好，各种名目繁多的公益产品通过视觉和文字表述的刺激向城市精英们推销，配捐的激励和变化的技术规则让富有的精英们找到了公益娱乐的刺激，使得他们甚至暂时忘却为了募捐的加倍而不惜给家人朋友难堪的不快。文化符号无法穿越，只能在城市精英的阶层内部流动，造成了公益文化的断层。我在基层的县里希望能动员当地人参与，结果却是徒劳。基层的很多人听我讲述这件事情好像是在给他们讲故事，一个不属于他们的故事。可悲的是，受助群体除了等待有更多捐助的消息之外，甚至都不是这个竞赛的参与者，有的连观赛的条件都没有。我依然在纠结：到底谁是这场竞赛的赢家？热闹喧嚣过后，谁能更好地接过公益的接力棒，传播并践行和谐、健康、积极的社会公益精神。

轻公益与重公益

有一次，王石先生到访河边村。他、我、李铁做了河边村第一场现场直播，在搜狐视频上有六十多万热度，十多万人次的参与。我在对话中说，“河边村要实现厕所革命和厨房革命，厕所革命已经实现了，但是厨房革命还差三十多户”。其实我没有想着让王石捐款，但是他听到缺口后，随即宣布他认捐 15 间厨房。王石说，“虽然我可以解决所有的厨房缺口，但是我就解决一半”。我说，“你这个做法好”。“轻公益”有些时候比“重公益”更有作用。中国古代讲“升米恩，斗米仇”，说的就是这个道理。我这几年一直倡导“人人公益”“草根公益”“方案公益”，说得最多的是公益的效应。河边村的建设得到了很多人的支持，其中大多都是我说的“轻公益”。

与王石一起到河边村的还有我另外两位朋友，李铁和王强。两位都是企业家，对公益充满了热情。他们说，要帮河边村建一个瑶族文化博物馆，我们就想办法看看能不能建在一个农民已经盖起来的房子里，这样可以节约很多资金。“轻公益”的特点是经济。公益要讲经济效益，不能不计成本。河边村的景观建设就是有的人捐一点砖，有的人捐一点水泥……这样做起来的。我们在做公益的时候，尤其是不要搞道德绑架，其实大家都喜欢做公益，但是每个人做公益都首先会考虑自己的经济承受能力。打着公益的旗号，张大口到处要钱，就会造成道德绑架的尴尬局面。“轻公益”说的是公益的效应，也是从事公益的承受能力。

社会问题是非常碎片化的，国家可以通过出台相应的制度化措施解决这些问题，比如就业、城乡一体化、脱贫攻坚、乡村振兴等。国家干预是解决社会问题的主要力量，但是社会问题就像地上冒水一样，会不断地出现，而且都会非常的碎片化。国家政策也不可能见缝插针、面面俱到，这时公益的作用往往非常凸显。我过去讲要做方案公益，其实是说公益资源使用灵活、决策简单，可以很快地回应社会问题。但是公益不可能覆盖所有的社会问题，所以公益最好先做一些解决社会问题的示范，示范即便是错了，也不会产生太大的影响。通过实验示范，找出解决社会问题的方案，然后联合政府和市场的力量，共同解决社会问题。这样的公益至少在中国体制下可以发挥更大的作用，而且需要的资源不多，属于“轻公益”的范畴。李铁在村子里希望捐助一些学生上学，我说你今年给他交了学费，明年后年还交不交，这种做法还是不太可持续。后来我们商量，他把村民住过的房子捐助修缮提高档次，增加房间。按照我们往年的经验，一年就可以多收入几千元。这样的方式也就可持续地解决了他们的学费问题。公益做得轻了，我们就可以践行“人人公益”，就有可能号召更多的人参加公益。

公益是一个社会再分配的非正式制度，无论怎么做公益，都涉及捐赠的问题。创造“轻公益”恰恰也是为了避免产生道德陷阱。河边村过去是一个非常贫困的村庄，这几年在政府的大力投入和公益组织的支持下，发生了很大的变化。但是我也发现，这种以外部投入为主的方式，正在引发新的问题。前不久，我看见村里人买了一辆新汽车，追求现代生活是每个人的权利，也是这些贫困村民的梦想，这都无可非议。这几年，村里的确挣到钱了，我当然也知道不可能寄希望村民把自己的钱拿出来建设村里的公共设施，这不现实。就像城里人，公共设施坏了，不可能动员大家一起捐钱。城里人说，我交了税，这些事情都是市政该做的。我们在乡村，市政不可能管理乡村事务。因此，乡村里的公共事务往往没有资金、没有办法建设。我们只能通过合作社集体经营的收入来解决，不够的也只能靠政府和公益项目的投入。但是，我们希望村民能够把自己的卫生间和客房不断改善和提升，这样也会让河边村的居住条件更吸引人。村民有了钱，却很少做这样的事情。河边村的公益现在看来做得有点重，因为做得重了，就会产生对公益的依赖，就会影响人的能动性，有些时候也好像是人的一种本性。我对村民说，有些事你们都可以自己做，也可以通过公益的方式做，比如村里儿童活动中心辅导员的津贴问题就一直没有很好地解决。村民总是说，我们没有钱，李老师帮我们找点钱。我给村里来的客人讲，以后到河边村来访问千万不要轻易给村里人承诺捐钱支持，千万不要给村里捐旧的衣服。其实不是说我不愿意支持他们，我觉得这几年靠着政府和公益界的支持，村民的生活水平有了很大的改善，这不能说没有村民艰苦奋斗的努力，也不是说河边村的改变全是外部支持的结果，但是社会心理的变化非常微妙。我们常常说，不要低估人性的丑恶，这并不必然指贫困的村民，也包括我们自己在内。

谈“轻公益”并不必然反对“重公益”，有些时候我们也需要重公益，比如说有一条路要修，但没有资源，想让这条路修起来就得需要重公益的支持。重公益并不必然会导致公益依赖性，但我还是比较倾向于轻公益。轻公益并不完全指通过小额的资金解决小的问题，还会涉及公益机构的管理。公益机构搞得过大，人员管理成本过高，不一定会提高公益的规模效应。任何形式的机构都会产生官僚化和人格化，公益人不能想当然地认为因为公益具有崇高的理想，就能够克服本身的官僚化和人格化。公益机构的庞大和成本的增加，也会让公益变得非常沉重。像一辆汽车，若没有足够的燃料，那就启动不了。如果公益机构的人数很少，相互之间的摩擦就会很低，行动效率就会很高，就像自行车，骑上就能走。“小云助贫”过去只有三个固定工作人员，加上周边很多志愿者，现在只有两个固定工作人员，还有两个志愿者在管理，一个是宋海燕老师，一个是董强老师。按照现在公益机构的要求，他们既不能拿工资，也不能拿补贴，完全是志愿帮忙。

这当然不具备激励效果，但是把他们的工作范围缩小一点，主要依靠专职人员去做，也是可以的。轻公益和小公益当然不适合做大的事情，只能做一些小事。公益界的朋友还都是希望做大事，希望改变社会。很多公益组织都在花大钱、做大事，但是几乎所有的公益行动都涉及人和社会的工作，这两方面的工作其实是最难改变的。改变人和社会的工作和能出多少钱没有多大的关系。有一位朋友跟我说，小云教授啊，你不要再浪费这个时间了，你看某个企业家捐了一大笔钱，把整个地区的面貌都改变了。我也了解到很多大公益、重公益，这些企业的善心无可置疑。这样的大公益、重公益对于解决那些问题所发挥的作用也是有目共睹的，但带来的问题也是很多的。我在倡导轻公益的同时，也在参与不少大公益的项目。前几年，我和浙江新湖基金会一起合作，在云南怒江帮助他们做学前教育全覆盖的项目。新湖集团投入这个项目逾 7 000 万，算是大公益，但是在具体设计和执行中与卢迈先生共同合作，基于他多年在贵州、青海等地的经验，实际上是一个轻公益的经验。所以大公益不要做得太重，把大公益做成轻公益，那么公益的规模效益就出来了。

马化腾的指尖公益

互联网公益创新的社会政治意义已经超越了互联网技术本身的技术性，超越了互联网盈利模式的经济性，更重要的是超越了我们对于资本的那份憎恨和对于资本人贪婪的预设。原来，一项社会创新的确可以改变社会本身。

我绝对反对任何劫富济贫的行动，而是倡导一个合理的社会契约和共识。这个共识就是我有超出社会平均水平的财富，那么捐出一点是我的义务，我是财富的创造者和守护者，但不是财富的独占者，多于我需要的财富属于社会。

马化腾用中产阶层所能接受的文化偏好，将“捐赠”这个公益的核心淡淡地通过指尖，以极度娱乐游戏的形式得以表达。这种包容性是巨大的，它将公益文化穿透到至少大部分中产阶层群体。

公益人应该是最谙于公益理念，同时又是对公益资源缺乏感受最深的群体。

在我们孜孜不倦地劝说他人捐款，尖锐地批评社会缺乏捐赠文化的时候，是不是先审视一下我们自己，审视一下我们在一年中能有多少的收入用于公益。

三天来，数亿人次的指尖跳动的确拨动了公益社会的神经。就如同我在之前的随笔《99 公益日：中国新公益的标志》中所写，无论这是腾讯精心算计的盈利模式，还是利用其技术优势为自己做公关，还是他们那些技术精英玩的一场无目的的游戏，互联网公益创新的社会政治意义已经超越了互联网技术本身的技术性，超越了互联网盈利模式的经济性，更重要的是超越了我们对于资本的那份憎恨和对于资本人贪婪的预设。原来，一项社会创新的确可以改变社会本身。

现代的社会福利创新和现代公益的诞生曾经改变了资本主义的原有轨迹。被视为流着工人血迹的资本，在福利法律的强制和公益伦理这个隐形契约的约束下，被再次分配给社会的成员。这一切不是通过血腥的暴力，而是通过人类超越其邪恶人性的智慧和在智慧激发下的创新。

只用了三十多年的时间，中国就通过政治和社会智慧，从一个贫穷国家发展成一个全球瞩目的国家。有理由相信，利用智慧和创新，我们同样可以抹平由巨大财富差距造成的一个个心理伤痕。

新公益中的公益人、资本新贵和技术精英们，在“99 公益日”的技术互动中，将去政治化、高度娱乐化和主体性问责甚至经济投机性，聚合成了激发社会热情的巨大动力，这样的社会热情瞬间转化为看不见的自组织性和民主赋权，从而产生了公民社会运动有序推进的社会效益，政府也乐观其成。

虽然在这个过程中资本力量的诱惑非常明显，具有以新技术和新商业主义为主导的精英控制社会的取向，但是就其摆脱传统国家主义的动员模式，以及有秩序地整合社会资源的效果而言，这正是中国新公益的健康发展所必需的。

中国的未来能否像政府希望的那样有秩序地展开，我认为很大程度上取决于新公益的健康发展。因为与过去不同的是，“创造财富”不再成为中国的发展核心，中国当前和未来的核心问题越来越集中在财富的如何分配上。因此，我们应该对如马化腾这样的新富人和热衷于社会的新技术精英们的创新予以积极的评价。然而，这并不意味着中国由传统慈善向现代公益的转变道路会一帆风顺。恰恰相反，“99 公益日”也暴露出很多可能制约中国新公益成长的深层次问题。

我曾提出公益的实质是社会财富再分配的隐形契约这一观点，也发现这并不是我一个人的观点。有人对此提出了意识形态的批判，认为这不符合马克思主义的观点。我以为经典马克思主义“资产阶级和无产阶级的矛盾是结构性的和不可调和的”这一基本观点是不可否认的，正是基于这样的认识才会有努力解决这一矛盾的不断探索。

福利主义和公益主义出现在西方资本主义矛盾的严重时期，这两个潮流极大地缓解了这个矛盾。中国现在进入个人财富的急剧增长以及中产阶层迅速成长的阶段，虽然在以公有制为主体的中国不存在不同阶层的根本性矛盾，但是阶层分化也是不争的事实。通过现代公益的发展来协调贫富的差异是中国新公益发展的核心任务。我们今天的公益无论如何泛化，都不可能回避财富转移这个话题。

当我们还是一个贫穷社会的时候，只能依托传统慈善的有限道德力量。当我们处在一切都由国家负责的体制下的时候，没有这样的社会机制，同时也不需要社会的力量来解决财富的分配问题。但是今天，无论从日益增加的社会组织数量，还是政府功能的收缩程度，以及社会财富分布的现实，都迫切需要新的公益机制。

我在“99 公益日”的部分讲了捐赠不是施善的观点，希望我们的公益能摆脱传统的慈善观。虽然我强调平等和公平，也深知通过个人努力积累的财富来之不易，还接受富人比穷人过更好的生活这一现实，但是我不接受捐赠是施善的价值，我认为这只会加剧不平等，强化不平等存在的合法性。

“99 公益日”中最热门的话题是不能道德绑架、捐款是自愿的……我认为道德绑架不是希望捐赠的合法性借口，而是不认同和不履行社会契约的保护伞。强迫一个人捐出自己力不能及的数量是不道德的，希望他人为自己的幸福捐出财富的行为是不道德的，但是劝我们捐出一杯啤酒或一盒烟的钱物去减少由于缺钱而选择自杀的悲剧，是最大的道德行动，这一行动也无关乎这样做能不能从根本上解决这个问题的命题。

中国的社会组织在过去二十多年中已经成功地打破了我们传统的财富观。不论富豪还是普通人，都越来越多地加入到了捐赠的行列。但是，人人捐赠的文化还远没有形成，职业公益人劝捐的尴尬还普遍存在。那些捐出 10 元、20 元对于他们绝对不是任何问题，但却用“不知道钱都用在哪里”这样的托词继续坚守自己的财富观而冷漠公益的人还很多很多。

我在德国访问时，当地的公益人说他们会给没有捐的人家里打电话、写信，甚至在家门口贴个条子提醒，这要是在中国恐怕要报案了！自由、志愿与义务是联系的，任何一个社会都不是完全自由的。我绝对反对任何劫富济贫的行动，但是想要倡导一个合理的社会契约和共识。这个共识就是我有超出社会平均水平的财富，那么捐出一点是我的义务，我是财富的创造者和守护者，但不是财富的独占者，多于我所需的财富属于社会。

中国的富豪们已经开始表达这样的观点，并且践行这样的理念，但这需要全社会的共识，没有“人人公益”的社会共识，中国的新公益无法发展。就这个意义上说，马化腾是卓越的社会创新家。他用中产阶层所能接受的文化偏好，将“捐赠”这个公益的核心淡淡地通过指尖，以极度娱乐游戏的形式得以表达。这种包容性是巨大的，它将公益文化穿透到至少大部分中产阶层群体。

我在2016年责任中国的颁奖仪式上说，“拷问社会，首先要拷问我们自己”。公益不是强制性契约，我们无法强制捐赠，我们更不能用善人有善报的说辞进行恐吓捐赠，这才是真正意义上的道德绑架。

打开“人人公益”的大门，一方面需要夯实“每一个人都是社会安定的守护者，而社会的安定与和谐又直接与财富的公平分配有关”这一相对自私的交换理念；最重要的一方面则是发育“我们仅仅是财富的守护者而不是财富的独占者”的财富观，仅仅想通过说服别人从而发育现代公益理念是远远不够的。

公益人应该是最谙于公益理念，同时又是对公益资源缺乏感受最深的群体。因此，公益人对捐赠的态度和行动对全社会形成“人人公益”的共识具有重大的影响。

我在还没有接触公益捐赠实践的十多年前，和荷兰的一个教会基金会的朋友聊天，我问他：“你们都劝其他人捐款，那么你们自己捐吗?”他告诉我他们机构的所有人都是做月捐的，捐款都自动从工资中扣除。可能有朋友会说，中国有那么多丑闻，谁还敢捐啊。我绝对理解这样的考量，也不否认在一个缺乏信任和严格问责的社会中，轻率的捐赠有时候可能如同助长犯罪。但正如我前面讲的，这与你是否愿意捐赠没有绝对关系。因为即使在中国这样一个仍然缺乏严格问责和相互信任的社会，公益捐赠给社会带来的积极影响仍是巨大的。邓飞先生的“免费午餐”、中国扶贫基金会的“爱心书包”、中国妇女发展基金会的“母亲水窖”、中国发展基金会的“儿童营养餐”等公益行动都极大地缓解了弱势群体的贫困状况，而我们听到了多少关于这些行动的丑闻？

我认为公益人倡导公益，应该勇敢地面对“捐赠作为公益的核心内容”这一认识，在我们孜孜不倦地劝说他人捐款，尖锐地批评社会缺乏捐赠文化的时候，是不是先审视一下我们自己，审视一下我们在一年中能有多少收入用于公益。

我们不可以说我们每天做的公益工作就是在做公益，因此我们不用捐赠。恰恰相反，作为引领现代公益发展的精英，我们应该义不容辞地成为捐赠文化的领先者。我和盖茨基金会的朋友有些接触，他们看到我发出的众筹邀请都积极作为众筹发起人为项目捐款，还有很多我熟悉的基金会的朋友都支持我的项目。所以我想，是不是可以建议，从事公益行业的人可以有一个捐赠的承诺。

这时我们可以说“钱不在多，有心便是”。我们绝对接受哪怕一个月只捐出 10 元钱的承诺，数百万公益界的就业人士，一年就会有数亿元的公益资源。不仅如此，这种整体性的公益人捐赠将给社会呈现出巨大的引领作用。

当然公益并不仅仅是捐赠，你的志愿性服务，你对公益理念的宣传和支持都是公益。但是，中国新公益是否能够健康地发展，在很大程度上仍然取决于我们能不能形成一个“人人捐赠”的公益文化。腾讯通过“99 公益日”让“人人捐赠”在技术上变得非常简单，同时也为我们构建了一个相对信任的捐赠体系，为此我们应该欣赏和感谢腾讯公益以及为此献出他们智慧的所有人。

“水滴筹”：慈善还是生意？

2019年7月6日，李甜、吴可仲在《中国经营报》上发表了一篇名为“水滴筹调查：慈善还是生意?”的文章，我在这里就借他们的题目，说说新经济与慈善公益的关系。与传统社会相比，慈善公益的资源应该更多地聚焦到解决社会问题的方案方面，就如同何道峰先生讲的，一般性的社会救助当然很重要，但是社会的发展会不断地解决这些问题，公益的重心应该有所转移。与此同时，在过去十多年中，各种技术创新不断出现，其中互联网技术、人工智能等是最引人注目并且对社会经济结构冲击最大的技术。早在21世纪初，徐永光先生就高瞻远瞩地提出了公益与互联网的天然亲密性。现代技术对于社会经济冲击最大的是，这些技术的商业化往往会直接引发社会公平度的提升。例如，互联网技术就彻底打破了有权力优势的群体对信息的垄断；微信技术让人人都可以成为观察者和记录者，人人都有权利发布自己的观点。新技术比传统技术更直接地验证了哈耶克讲的“商业就是公益”的观点。

李甜、吴可仲的水滴筹调查提出了“慈善还是生意”的疑问，同时也提出了新技术的商业化在产生积极影响的同时所隐含的问题。调查发现，在水滴筹上使用假的疾病材料也可以发起捐助，同时在水滴公司的产品中，水滴互助、水滴保需要依赖水滴筹来输送流量。水滴公司的商业变现模式很简单，就是通过水滴筹等公益产品聚集高黏性的用户和流量，然后再通过其他板块进行变现。水滴筹公司的收益链与传统互联网商业模式一样，就是流量，而公益板块的用户数量则是获得流量的关键。这意味着，在水滴筹平台发起捐款的机制是人越多越好，而严格的审查则是趋向于减少用户。也就是说，只要水滴筹强调不得提供任何虚假信息，而不论发起人如何逃避检查，则不是水滴筹的责任。现代技术都是高智商大脑设计出的精巧的、规避风险管制的高盈利商业模式。我不是互联网专家，无法真正评价水滴筹究竟是慈善还是生意。我关注的是，慈善公益是一个“道德行业”，其资源供给依赖于捐赠，一旦出现任何信息不对称甚至欺诈行为，则会严重影响慈善公益行业的发展。事实上，水滴公司的互联网产品还涉及医疗保险，整体板块的运行结果都与慈善公益行业对接。这也是很多高科技产业的共同特点。徐永光将现代商业出现的公益与商业边界模糊的现象，一方面看作是“商业向善”的趋势，另一方面也看作是公益发展的机遇。

比尔·盖茨的无电冰箱

2017 年，盖茨基金会邀请我、林毅夫和黄季锟到西雅图与基金会的同事们做交流，主要是与基金会的工作人员分享中国发展的经验。我的讲述主题是农业和减贫的经验，这是我第一次到盖茨基金会的总部。在交流期间，梅琳达·盖茨女士带我们参观了他们的社会创新实验室，它就像一个大学或研究院的科学研究实验室。从简单的参观可以看出，这是一个资金、技术、设备投入以及人才配置水平相当高的科学研究实验室。在参观期间，工作人员向我们介绍了他们正在攻关的一个项目——无电冰箱。

非洲大陆是全世界贫困发生率最高的地区，婴儿死亡率也是全球最高的地区，其中一个最重要的原因就是疫苗接种率非常低。比尔·盖茨自专职从事慈善公益以来，一直将他的目光聚焦在非洲，他把解决非洲的贫困问题作为基金会的核心目标。比尔·盖茨是一个企业家和创新家，他自身技术创新改变社会的经历同样告诉他，解决非洲的贫困问题也离不开技术创新，只要是涉及非洲发展与减少贫困的任何带有创新的工作，都会得到盖茨基金会的资助。在非洲，特别是撒哈拉以南的非洲，缺电是一个普遍的问题。没有电，疫苗就无法放置在冷藏柜中加以保存，这就大大限制了非洲农村地区儿童疫苗接种率的提升，所以比尔·盖茨提出能不能发明一个不需要电的冰箱。当然，这只是一个形象的说法，他的核心思路是如果能够发明出冷藏能力维持三天、七天不需要电力供应的冷藏柜，那将会极大地改善非洲农村地区儿童的疫苗接种率。记得我当时带有调侃地问林毅夫这可能吗？盖茨基金会投资千万美元对这个项目进行攻关。前不久，我见到了盖茨基金会中国代表李一诺女士，我问她："你们那个冰箱搞成了吗？"她说"搞成了，能够不用电力维持冷藏效果一个星期"，这意味着这样的冷藏设备可以随时移动。李一诺表示他们已经把这个专利无偿转给了中国青岛的一家企业，这家企业则完全按照商业生产和经营的方式销售这种冷藏设备，通过投资技术创新，然后按照市场运营的方式让社会受益于技术创新。"公益 + 市场"的模式是美国资本主义公益运行的典型模式。

慈善捐赠如何能够成为真正的公益，是中国公益发展面临的新问题。在过去经济迅速发展过程中，中国成就了数量众多的千万富翁，很多已经挤入全球财富排行榜，这些富人纷纷开始以不同的形式回馈社会，但值得注意的是，中国的很多慈善公益资源仍然没有认识到通过投资社会创新从而改变社会不平等现状的重要性，很多的慈善公益行为仍然停留在“私益”的范畴。

我在很多场合讲慈善与公益的区别，并不是说慈善和公益完全不同，而是想表达社会处于不同的阶段，慈善和公益的形态会有不同。在传统社会，慈善和公益的形态更多是少数人受益的慈善，例如向饥饿的穷人提供食物、捐赠衣服，这样的慈善范围很有限，受益群体也十分有限，这当然与社会经济的特点有关。在现代社会，当贫困与不平等更多地以结构性形式存在的时候，仅仅通过一般性的慈善救助往往很难从根本上解决社会问题，因此在这种情况下，一项社会创新就有可能解决大多数人的贫困问题。比尔·盖茨的无电冰箱没有直接瞄准到救助每个贫困儿童，但是这项发明一旦成功，将会有数百万的儿童在没有电力供应的情况下受益。这就是我所谓的“公益”。传统的慈善和现代的公益本质上并无差异，但是在现代社会，能够解决社会问题的方案型公益则是慈善公益应该发挥作用的主要方式。徐永光经常讲，“公益组织不能总是热衷于做资源简单的搬运工，把慈善资源从一个地方搬到另一个地方”，他到处倡导社会创新，甚至不惜呼吁商业公益实践，招致不少非议，我认为徐永光所强调的恰恰是慈善公益资源如何解决社会的问题。

卢迈的山村幼儿园

卢迈先生算是我的老领导，20 世纪 80 年代我在中央农村政策研究室工作时，他是全国农村改革试验区的办公室主任，算是那个阶段推动中国农村改革的重要人物之一。2009 年，卢迈发起了“山村幼儿园计划”，卢迈通过公司和个人的捐资，与政府合作，开展了为农村 3 ~ 6 岁儿童提供全覆盖的早期教育的公益项目。

山村幼儿园项目是一个意义深远的公益项目。首先，虽然我们的国家和社会都非常重视教育，但在过去很长一段时间，我们的重点都投向了教育的后半段，特别是高等教育这个教育的“最后一公里”。义务教育阶段也不包括学前教育，中国人讲“三岁看大，七岁看老”，农村学前教育的缺失，显然是我们教育发展中的一块短板。因此，一个公益的政策实验项目一旦能够引领政府的行动，其意义是重大的。公益的资源是有限的，在中国特定的政治社会语境下，与政府的有效结合将会大大提升公益的效率。其次，这个山村幼儿园项目，并不是一个简单的幼儿园建设项目，它包括了营养干预、学前教育等很多先进的理念。这样一个实验，大大改变了我们乡村学前教育的模式，推动了学前教育向早期儿童发展范式的转变。再次，该项目本身又是一个制度创新的实验，在实验地区探索学前教师的激励、学前教育内容的制度性安排，以及农村儿童早期发展的一系列政策问题。

由于卢迈有在美国学习经济学的经历，后来又长期从事政策研究，儿童早期发展项目从开始就成为一个旨在对接政策的社会创新实验。每当我们说起这些项目是一个公益创新实践的时候，他总是谦虚地说，这个项目就是一个社会政策的实验。而实际上，乡村儿童早期发展项目从资助到运行是一个典型的现代公益项目，而且这个项目从一开始就直接瞄准了未来的政策影响，同时又是一个立足中国国情，旨在从根本上解决中国社会不平等的方案公益创新。我多次聆听卢迈的智慧，也多次在中国发展研究基金会学习这个项目的实施和管理，这个项目有丰富完整的基线和对照数据，每年都有系统的总结报告，在各地的实验都与当地政府有着密切的联系，同时还有各种形式的政策建议在全社会传播。大家只要在网上输入“乡村幼儿园”即可获得这个项目的所有信息。乡村儿童早期发展项目已经开始产生重大的政策影响，这是一个典型的以公益社会实验促进全社会的认识以及改变国家战略和政策的成功案例。下文会讲马云的教育公益，我不是说马云也该向卢迈学习，马云的个人经历是企业家，卢迈的个人经历是政策研究者，两人做公益各有各的优势，但是从二者的公益实践中我们可以看到，中国公益正在进入解决社会问题的领域之中。

在中国，通过公益创新探索解决社会问题的方案，并将这个方案有效地转化为国家的战略和政策是一个非常复杂的过程。这又让我想到了徐永光讲的“资源搬运工”的说法。在中国做有效公益的门槛是很高的，从某种意义上讲，通过社会创新解决社会问题，实际上就是高水平的研究。公益基金会应该成为“社会研究大学”的资助者，很多的公益人都应该成为这个“大学”的高级研究员。中国发展研究基金会的工作人员与其他基金会的工作人员一样，繁忙地工作在中国的贫困地区，但是我发现他们中的很多人也都是“研究员”。我这样狭隘地定义公益工作者当然是片面的，这也与我个人的经历有关，我绝对不排斥救助型的公益，也不能完全排斥“资源搬运工”的社会意义。中国是一个大国，社会经济文化差异很大，阶层分化很大，需求非常多样化，因此公益的形态也应该是多样化的。

马云的教育慈善

2019 年，福布斯发布中国慈善榜，马云先生以 9.8 亿元人民币的捐赠总额排名第三，马云认为用公益的心态、商业的手法是践行社会责任的最好方式。马云创立的阿里巴巴集团聚焦环境与民生两大公益领域，用技术为公益行业赋能，呈现了典型的新资本人的公益新理念。

早在 2015 年，马云就在北京师范大学启动了“马云乡村教师计划暨首届马云乡村教师奖”，2016 年又启动了“马云乡村校长奖”，马云的乡村教育公益虽不同于比尔·盖茨投资技术创新来改变社会的公益方式，但同样聚焦了中国社会的重要问题。我把马云的乡村教育计划也归为现代的公益实践，因为它有别于一般的直接资助贫困学生上学的奖学金计划，而是通过奖励和培养优秀乡村教师和乡村学校的校长来逐步改善乡村教育的质量问题。

中国城乡教育的不平等，既是城乡经济社会不平等的重要内容，也是导致城乡经济社会不平等的重要原因之一，因此，如何解决中国城乡教育的不平等，实际上也是中国目前及未来发展中最为重要的问题之一。城乡教育的不平等已经不再突出表现在校舍和如何确保学生入学率等方面，而造成教育质量巨大差异的核心是优秀的教师资源和教育管理资源的不均衡。马云的乡村教育人才计划聚焦了这一核心问题，希望通过一系列的奖励计划能够寻找解决这一问题的突破口。该计划不可能覆盖全国，也不可能奖励全国所有的乡村教师和乡村校长，因为那是政府的责任，所以他的计划只能算是一个社会实践。我没有看到他这个计划如何与政府相关联，如果这个项目也能像卢迈的项目那样，定位成一个与政府提升乡村教师质量的实验，那这个项目的影响可能会更大，也会更加可持续。当然，我并不完全了解他们的项目。

中国的社会与美国的社会是不同的，中国社会是一个政府全覆盖型的社会，政府掌握着解决社会问题的驱动机制和资源总量，因此从制度角度讲，解决中国社会问题主要还是要依靠政府，这是中国的传统，也是中国的特色。公益组织没有能力解决这样一个大国的社会问题，也没有这样的机制，于是就形成了中国公益组织在解决社会问题时的从属性。公益的资源是有限的，不可能代替政府解决所有的社会问题，因此公益组织需要将有限的资源用在探索解决社会问题的方案上。与此同时，如何将公益组织解决社会问题的方案与政府解决社会问题的战略和政策相互关联，则是公益是否有效的核心。如果马云的乡村教师计划能够成为一个解决乡村教师质量问题的方案性探索的话，那么这样一个公益项目的公益效益就可被真正放大。这需要将企业家熟悉的捐赠社会转变为公益学家改变社会的公益创新与社会倡导，我想凭借马云先生的社会影响力应该是不难做到的。

李铁的沙漠种树

李铁先生是一位成功的企业家，主要通过股权投资来创造财富，他经常在全国各地奔波，携带一个大的行李箱，里面装着适合各地气温的衣服，以及很多历史、政治、文化方面的书籍。他原本是一位脑外科医生，本科毕业于第四军医大学，在日本东京大学获得了脑外科博士学位。我对他的经历特别好奇，2019 年他来北京替他的父亲参加纪念抗美援朝的活动，才知道他是一位抗美援朝志愿军战士的后代。他出生在朝鲜，5 岁才回国，他的父亲是 38 军文工团的团长，他的母亲是志愿军文工团的一名演员，难怪我们在看他同学编辑的大学时期的视频时，觉得他那个时候是一个文艺小青年。李铁从 2013 年开始在新疆喀什麦盖提县的沙漠里种树，通过在沙漠里造林恢复生态进行扶贫。截至 2019 年，李铁投入 4. 8 亿元在塔克拉玛干沙漠建设了 33 万亩能源林基地，不仅种植了新疆杨、乌屯杨、胡杨、红柳等生态树种，还种植了沙枣、俄罗斯无刺大果沙棘、文冠果等经济作物，同时套种甘草、罗布麻等中药材，在梭梭下嫁接肉苁蓉，形成了一套“沙产业”，一年产值可达 8 000 万元。33 万亩林地带动了当地建档立卡的 120 户贫困户进入沙漠基地从事长期管护工作，每户负责一片林木管养，还组建了农民合作社，通过采购苗木、集体造林以及管护林木等方式，为贫困农户创造就业机会，每户年收入皆可达到 3 万元以上。李铁还带动建档立卡的 1 200 余名贫困人口从事沙产业生产，每年进林区工作 3 个月，人均收入超过 9 000 元。这些措施使得建档立卡贫困户顺利脱贫摘帽，而且由于这些工作都需要具备一些技能，公司还提供了专门的劳动技能培训服务，有效地提升了当地农村劳动力的技能水平，为今后贫困农户从事非农产业就业提供了一定的帮助。

除了为当地的农户，尤其是贫困农户提供就业机会外，李铁还积极支持当地农户参与到林业经济的产业链中，为当地农户提供育苗技术培训以及育苗的资金，通过订单采购树苗的方式促进当地育苗产业的发展，目前已经带动了百余户农户从事育苗生产，其中有 20 户是贫困户，占到总量的 20%，在这些育苗的农户中有九十多户为少数民族家庭，占到总量的 90% 以上，每户的平均育苗面积达到 40 ~ 50 亩，育苗株数达到了 30 万株。通过技术和资金的投入，还培育出二十多户育苗专业户，先后成立了十多个育苗合作社，每个合作社社员数量为 50 ~ 60 户，贫困农户社员平均为十余户，农民合作社和育苗专业大户的发展促进了当地新型农业经营主体的培育和发展，从而为当地育苗产业化的发展奠定了基础。

除了推动育苗产业发展以外，李铁还积极鼓励当地农户参与林下经济的发展，现已建成的 3.5 万亩梭梭肉苁蓉产业基地中有 1.5 万亩分配给了全县 1.3 万个贫困户，由公司统一进行管理，三年的收益直接支付给贫困农户，同时也鼓励贫困农户直接参与到肉苁蓉的管理中。三年期满后，如果农户愿意继续从事肉苁蓉生产，可以优先享有承包权，从而形成现有贫困农户可持续的增收方式。

李铁的沙漠植树是一个典型的“商业 + 公益”的模式。我们在很多时候，都对这样一种商业和公益的模糊性感到困惑，因为在很多时候商业的确能够产生积极的社会效应。因此很多人认为，不能因为有了积极的社会效应，就觉得这样的商业行为就是公益。李铁的沙漠植树本身是从公益扶贫的角度启动的，并不仅仅是一个单纯的商业行为产生的社会效应。他的公益模式是一个典型的从资本人角度来实现可持续公益的创新尝试，这就产生了两个双向的公益效应：一是生态环境的改造与恢复，二是贫困群体的受益。实际上，我们在过去几十年中对生态恶化地区的生态恢复和所在地区农民生计的改善，一直都没有找到一个有效的方案。替代生计的方案是过去几十年中国际上普遍接受的路径，但在实际操作上非常困难，其中一个最大的弊端就是要依靠政府公共资源的持续投入。李铁的沙漠植树模式创新出了通过市场机制来维系公益的可持续性，这是很有意思的一个公益创新。

99 公益日

当公益界还处在对《慈善法》和相关规定出台的疑惑不安时，“99 公益日”已经来临。中国的新贵再次将自己掌握的资源以这个时代特有的方式交给了社会。我虽然也对这样的方式给予批判性的解读，但是不能不承认，将基于市场的技术创新运用于社会创新，正在改变我们这个以国家主义为上的文化。这一创新同样会让我们对习惯于国家主导一切的思维范式备感失落，没有政府力量的组织和资源的介入，不用政治性的动员，虽然有配捐的激励，但是却能激励出前所未有的公益热情，释放出巨大的赋权能力。各种对这个社会的关怀通过指尖的跳动在全国传播，将隐藏在社会中的公益情怀瞬间表达出了可能改变社会价值的行动。不是因为我也亲身参与这个过程，不是因为我要在这个过程中筹款，我才会这样喝彩，而是因为公益人不再需要面对面地求人情得到资源，不再需要通过那些所谓的专家来评审他们的项目，不再需要给握有权力的人发个麻烦照顾之类的短信……新技术创新者们和热心公益的新贵们可能并不是那样有战略性地想改变这一切，他们只不过是“后国家主义”者。他们可能只是想玩点花样，因为这个世界太单一无聊了。他们也可能是商业主义者，但他们那种不屑于世俗的举动无意中创造了高度有序的社会自治模式：这里没有网管，没有指示，但却为政府所期待。新技术促进国家和社会整合的模式在“99 公益日”得到验证，这也改变了我们熟悉的传统二元对立的“国家—社会”关系模式。腾讯的社会价值已经超越了互联网技术和商业盈利模式本身。

新技术以最小的成本拉近了资源提供者和需求者的距离，去除了几乎所有我们熟悉的介于这个之间的官僚和食利者们。更重要的是，这样的排除没有任何的政治性和伤害，没有暴力，这符合我们追求的社会政治伦理。这一机制产生了两个层面的自组织性结果：首先，公益组织不分大小强弱获得均等的机会，腾讯的众筹程序成为公益组织获得资源的程序，这个过程高度去人格化和个体利益化，形成了一个个看不见结构的组织；其次，这个机制将分散的公益资源组织起来。这摆脱了类似国家号召或者举办大型义演等传统形式。这个过程几乎没有成本，腾讯运作的只不过是他们有趣的技术创新，而公益组织乐不思蜀地美化他们的文案也只是在提高他们的传播效果。当然，这个过程充满了对公益深刻的理解和热情，这个成本远比经济成本要巨大得多，这个能量的转移和释放极大地促进了公益作为社会正义的隐形契约的形成，也展示了市场在社会构建中的积极作用。

虽然我们也对技术主导社会生活抱有疑虑，虽然我们也对商业资本借助技术殖民社会备感警惕，虽然公益资源的提供者和需求者之间的权利依然是不对等的，但是这个过程释放出的民主和赋权的力量则成为矫正负面影响的无形武器，透明、公开、平等在这个过程中束缚了很多我们熟悉的恶习。有人一定会说，你也太天真了吧！是的，这个过程一定会有很多瑕疵甚至不法的勾当，但作为一个参与者，如果说去年我还是疑虑重重，但是今年我则觉得是那样的释然。

很多资深的公益人都在谈社会创新，像徐永光、王平等。他们热衷于技术的创新，大讲市场的机制，我过去有所保留，估计是我的公益经验有限所致。不是他们有多伟大，而是我们需要脱离传统的思维范式来看公益的发展。毫无疑问，“99 公益日”正在成为中国新公益的标志。我把对这个模式的科学性解读留给那些真正的社会科学家来做，也让他们的分析促进中国新公益的成长。

第六章　公益之路

自“希望工程”诞生以来，中国公益一路高歌，实现了突飞猛进的发展，在这一过程中，我们这些滋生在公益界的人士，都有一个集体性的记忆，那就是公益正在成为一个能够代表民间利益的、独立的部门。我们继承了中国传统慈善很多优秀的思想和实践资源，又在市场经济和改革开放的浪潮中深受西方民间社会思潮的影响，甚至有时受西方民间思潮的影响更大一些。现在我们这些公益人突然要面对一个新的格局，那就是随着国家逐渐更多回归社会时，公益开始感受到了如何进一步发展的新挑战。如果说过去40年是中国公益发展的成长期，那么从现在开始的中国公益可能会进入到一个成熟期。建设中国特色的公益之路必须要面对中国国家主义的政治传统，必须要面对如何兼顾中国传统慈善资源转变为现代公益资源的问题，同时还需要处理如何有机学习西方公益经验的问题。

总之，中国的公益之路需要在国家和社会之间找到平衡点，需要在如何促进社会整合方面提供自己的方案。进入成熟阶段的中国公益之路将会比成长阶段更为艰难，公益的政治维度可能远比公益的技术维度更重要。中国特色的公益有时候看似是一种对体制的妥协，但实际上这也正是中国公益之路的生命力所在。

中国公益正在出现的若干主义*

中国现代公益脱胎于国家主义和民间主义两种文化的互动。中国青少年发展基金会、中国扶贫基金会、中国妇女发展基金会等多数的公募基金会都是这一文化互动的典型代表。从 20 世纪 90 年代以来，西方发达国家的 NGO 大量进入中国，将西方国家—社会范式下的社会实践模式带到中国，同时也在中国原有的国家主义和民间主义的互嵌模式中加入了具有竞争式政治特点的“公民社会”的意识形态观念。过去 20 年，中国市场经济在快速发展的同时，市场主义的意识形态以其去政治化的特点迅速占据了中国社会的思想市场。国家主义、民间主义、市场主义和西方公民主义这四个方面的意识形态影响了中国公益思想的发展。随着中国公益实践的不断推进和研究的不断深化，中国公益的思想也正在走向成熟。在过去 20 多年中，中国公益的事业得益于徐永光、何道峰、王振耀等一批公益先驱者的巨大推动，中国公益思想的发展也得益于他们的思考。同时，中国公益思想的发展也得益于康晓光、王名、杨团、朱健刚、邓国胜、金锦萍、贾西津、李小云等诸多学者的推动。在这个背景下，基于个人经验、学科背景、自身关切的学理不同等方面的原因，中国公益界的理论思想开始出现各种主张的分野，而且相关主张也呈现“主义化”的趋势。这些“主义

* 本节作者董强，中国农业大学人文与发展学院副教授。

化”的现象可以归纳为三种主义：公益原教旨主义、公益市场主义、公益改良主义。

公益原教旨主义追求公益本质的纯粹性，在他们看来，公益的本质就是利他性，追求公共利益。公益原教旨主义者相对比较极端，对国家和资本保持高度的警惕性。康晓光是公益原教旨主义的代表人物，他对中西方的公益本质有着深刻的分析。他认为西方与中国的公益文化存在着本质差异。西方的公益文化来自个人主义。从个人主义的角度来看，公益的过程体现了公平交易，在此基础之上，西方的开明个人主义产生了利他性。对于中国的公益文化，康晓光从儒家的思想切入，认为中国的传统公益文化将会成为主流的公益文化。他指出中国的传统公益文化主张仁爱，以自己为中心，不断向外扩展个体的仁爱行为。关于权力、资本进入公益，康晓光持非常警惕的态度。他认为无论是权力还是资本，都在试图将公益变为它们的“殖民地”。康晓光多年来对国家与公益组织的关系进行了精辟的研究。他提出了分类控制的概念来解释国家与公益组织的关系，国家会基于公益组织对政权挑战性的强弱，对不同类型的公益组织采取不同的控制策略。近日，康晓光在一篇书评中强调了资本是“控制公益”或“剥夺公益自主性”的一种危险力量。显然，他特别重视公益的自主性，要立足于人性本善的一面，靠扬善赢得生存与发展的权利，也通过扬善来为社会做出贡献。对于公益与国家和资本的关系方面，诸多学者都呈现出共同的倾向，公益应该与国家、资本保持一定的距离。比如，朱健刚认为慈善不应被资本逻辑所左右，如果以效率、成本、财富为标准的资本价值观在公益领域起到支配性的影响，将会使平等、爱、参与、团结等公益价值观被逐渐边缘化甚至消失。他特别指出这种苗头已经出现，值得整个社会警觉。李小云提出的公益的捐赠问题实际上也有公益原教旨主义的倾向。

公益市场主义是在中国的公益实践中呈现出来的，在强调公益原本的基础之上，更多地感受到中国公益本身的问题。特别是在面对市场化巨大发展的条件下，大量的资本进入公益，对传统公益解决社会问题的方式造成了根本性冲击，对公益内部的变革产生迫切感，期望公益能够引领社会经济发展。徐永光是公益市场主义的代表人物，他敏锐地感觉到在市场化过程中，资本受到道德挤压而呈现出回归公益的趋势，以及市场创新对于公益的冲击。徐永光最近几年的公益观点颇具革命的意味，比如他提出的，危若累卵的慈善体制将终结于互联网；公益要去行政化，去道德化，不可去市场化；淘汰掉1/3的公益组织，这个行业才有希望；做公益的，99%是“私”字当头；公益创新不求规模化就是花拳绣腿；中国的公益不应该是简单的搬运工；光给钱的慈善是非常“要命的”……在徐永光看来，中国公益存在着两大根深蒂固的问题：公益行政化、公益道德化。国家权力长期侵入本该社会主导的公益领域，是公益行政化的具体表现。公益道德化一方面造成公益效率低下，另一方面绑架了公益组织创新探索的可能性和公益从业者应有的社会保障。在这两大问题的缠绕下，当前中国公益创新性不足、市场化程度低下。徐永光开出大力发展公益市场化的“药方”，从而最终实现公益的社会化。公益市场化的提法得到了包括何道峰、涂猛、刘文奎等公益实务界领袖的赞同。社会企业和影响力投资是徐永光先生最为看重的公益市场化的“两大抓手”。他认为，社会企业，中国可以大搞；影响力投资，中国需要大发展。徐永光认为社会企业不是公益组织，但与公益组织一样，把解决社会问题作为自己的使命，但不以追求利润为目标，社会企业弥补了某些公共服务的供给不足。社会企业在整合政府、市场和社会资源方面具有独特的优势，所以能在坚持使命导向的同时保持财务的可持续发展，从而解决政府、企业、公益组织三个部门失灵的问题。同时，徐永光主张社会企业可以分配利润，从而可以解决社会企业做不大的问题，他认为影响力投资就是义利并举，是公益与商业相融合的投资，但由于制度的限制，影响力投资在中国的发展举步维艰。

公益改良主义一方面赞成公益原教旨主义的基本观点，坚持公益的原本价值，同时也强调公益存在着异化的风险，从而无法有效地解决社会问题。公益改良主义认为要形成自利和利他相平衡，自立和互助相结合的现代公益社会，当下的公益必须要改革。李小云是公益改良主义的代表人物。李小云提出公益改良主义的思想，与他发展研究的学科背景有着深刻的关联，并且自身经历与政府、市场之间存在着密切关系，从而站在融合性政治的角度，批判对抗性政治。李小云的公益改良主义思想强调要在公益文化、公益与国家市场关系、防范公益组织异化等方面加以变革。李小云认为当前的中国公益文化是中产阶层的公益文化，并没有形成能穿透不同阶层的公益文化。他认为植根于本土的朴素公益才能更好地唤起草根群体的公益觉悟，构建中国广泛的公益力量。李小云对于公益与国家和市场之间关系的理解是，公益是具有自主性的，不能成为国家主义的组成部分，也不能成为民粹主义的工具，更不能成为发展主义的奴隶。从这点来看，公益改良主义与公益原教旨主义保持了一致性。公益改良主义认为公益的独特性不在于与国家和市场对抗，而在于有机地平衡国家和市场在民生和民主建设上的负能量。关于公益与政府的关系，李小云认为方案公益可以实现公益与政府的凝合。公益组织通过方案型公益，用公益资源引领政府资源，从而与政府协力解决社会问题。关于公益与国家市场的关系，李小云看到了企业向左给公益带来的巨大挑战：公益很可能会被一个在社会伦理约束下尝试出的商业社会行为所迷惑、所俘虏、所消灭，但是社会需要一个元公益伦理驱动的公益。因此，从这个角度来看，公益改良主义认同公益市场主义对于公益市场化的改造，学习市场的手段，但不能破坏掉公益的元伦理价值。金锦萍在这一点上的观点非常明确，公益和市场都可以解决社会问题，但以市场方式解决的不能以公益的概念来替代，两条路径的法律与政策是不同的。公益组织的异化也是公益改良主义极为关注的问题。如果中国公益缺乏严肃的自我约束机制，可能会导致社会公益被国家力量和市场力量利用的可能。公益组织和公益人不应自我神圣化，需要做到自知、自觉和自律。

公益原教旨主义、公益市场主义、公益改良主义及其他的意识形态思潮正在影响着中国公益当下和未来的走向，我们无法判定哪种主义未来会成为影响中国公益的主导思想。中国的公益必然会在与政府、市场互动的过程中，不断形塑着自身的价值与功能。我们期待经过这样多元的公益思想争锋，能够促进公益的主体意识不断增强，期盼着中国公益社会早日到来！

朱传一的公益“三民”

2015 年，微信传来朱传一先生离我们而去的消息，怎么会呢？先生爽朗不倦之容牢牢镌刻在我的脑海中。仔细一想，未见先生至少也有十年了！今天我由所谓的“知名学者”变成公益领域真正的“学生”，想起了朱先生和我讲过的几句话：“什么是民间？什么是民生？什么是民主？”我当时就想，这美国研究所的专家可真美国啊！

2015 年，我开始了真正的公益之旅，一下子就想到先生说的“三民”。公益才真正是民间、民生和民主的载体。虽然我反对绝对的国家、市场和社会的三元结构主义框架，并认为这三者往往是相互嵌入的，但是不能否认的是，在民生和民主的追求上以及有关正义的终极关怀上，国家和市场无疑是有严重缺陷的。在市场力量巨大的美国，国家被市场资本紧紧地控制着，即使有着发达的公民社会，想通过一个全民医疗保障体系都那样的艰难。同时，在我们这样一个无论国家还是市场都很强大的社会，存在的民生和民主问题，是不是和我们公民社会落后有关呢？我认为是有关的，这就是我理解的朱先生将民间、民生和民主合为一体而谈公益的原因吧！就此而言，发育公民社会似乎成了我们重构社会生态重要的制度化路径。我不大赞成对抗性政治，我主张公益力量的独特性不在于与国家和市场对抗，而在于有机地平衡国家和市场在民生和民主建设上的负能量。

对于中国现阶段的公益发展，如何解民生之难应为其使命。中国社会的问题是权力和资源在上位，而问题都堆积在下位，这一现象也表现在公益事业的发展上。首先，公益资源的分配不尽合理，公益资源包括资金、人力资源和管理资源集中在优势区位，如大城市；其次，公益资源，特别是公益资源的分配主要掌握在精英手中；再次，公益文化越来越都市化和精英化，并呈现后现代性特点。这一方面是由于近十年来公益事业在概念和实践当中受到欧美公民社会形态的影响，另一方面也与我们这些知识精英的文化取向有关。问题是，中国社会在经济及社会文化上结构性的分化程度远远高于欧美，底层社会、中层社会和顶层社会的文化价值取向和追求存在很大差异，阶层之间在文化认同上存在断层。由于掌握公益资源和从事公益事业的人主要来自中国的中上层和受教育程度较高的群体，这部分群体对于后发展或后现代的文化符号具有切身的亲密感，因此造成了公益文化的某种专属性。公益文化符号难以在不同群体之间流动。处在中国社会底层的群体对于各种各样的公益创新和层出不穷的公益文化符号往往不知所云，我在基层注册 NGO 的过程就很好地说明了这一点。我建议的名字是“助贫行动”，基层的工作人员却认为这不像一个机构，能不能叫“……扶贫开发协会”，我说“那不好啊”。我心里想要是叫个什么协会也太土了。最后，在双方的协商下定为“小云助贫中心”。表面上看是习惯说法的不同，但实际上背后是文化符号的差异。我问基层的一些人知不知道壹基金，他们说“我们搞不懂这是干啥的”，我说那是李连杰的慈善基金会。毫无疑问，我不是草根公益文化的代言人，但我的遭遇教育我来反思这种文化断裂的尴尬。这其实也不是公益领域的特有现象，而是整体社会普遍存在的文化断裂问题。现在每个人都拿着手机看，我问很多底层的人：“‘我们都很任性’这句话你们懂吗？”他们说不懂。

当我在基层与民众互动讨论公益事业时，我真正感觉到公益资源分配不合理和公益文化不协调的问题。很多人连慈善是什么都不知道，甚至认为“哦，您是来搞传销的”，即使知道公益这个名词的人，也多是表达“我们不是老板啊，没钱捐！”公益难道就是有钱人捐钱吗？公益难道就等同于慈善？这些让我想到了朱先生的“三民”论。公益实质上是公民社会的意识形态，是“三民”的聚合。因此，如果公益文化脱离了社会的主体群体文化，公益事业的发展将是畸形的。我不是反对公益创新，我在基层短时间的实践给我这个几十年倡导“创新”和热衷于创造各种新话语的“知名”教授很大的教育。原来我们更多地需要“朴素公益”，因为只有朴素简单，植根于本土的公益形态，话语表述和文化符号才能更好地唤起草根群体的公益觉悟，构建中国的公民社会力量，所以，我倡导“朴素公益”。

何道峰的公益与现代性

我与何道峰先生算是曾经的同事和朋友，我们 80 年代同在中央农村政策研究室工作，那个时候他是杜润生先生欣赏的青年经济学家之一，后来我又协助他做了大量的中国扶贫基金会的工作。他既是一位富有思想的学者，也是一位极具市场意识的企业家，更是一位对中国慈善公益事业有着重要影响的公益学家。有时候，我也觉得康晓光先生说的善良和爱心是人类的本质属性这个观点是正确的。何道峰先生无论有钱还是没钱，总是怀有强烈的社会责任感和对他人的爱心。他大量的慈善捐助行为和对中国慈善公益事业的推动，与其说是他成功之后的回馈社会之举，倒不如说是他善良本性的呈现。在他退出“江湖”以后，我才真正进入慈善公益行业，他多次说过，“你那里做慈善需要钱就告诉我”。

2018 年，我在美国开会时顺道看望何道峰先生，我们喝了很多酒，谈到了人生与人性，过后我归纳了一下，发现这些讨论涉及利己、利他。我记得在迷迷糊糊之中，断断续续听到了他对我很多观点的批判，我很长时间都在消化他说的一些观点，我觉得何道峰先生在利己和利他的关系上是非常清醒的，这可能也是他很好地把握了作为一个成功的企业家和一个富有贡献的公益学家的原因。

2018 年，何道峰先生为中国基金会发展论坛的年会发过来一个讲演视频，他在这个讲演中提到了中国公益未来发展的问题。他认为，中国现代慈善公益成长于国家发展逐渐脱离国家全能主义的治理模式，首先进入到社会救助领域。在过去几十年的发展中，中国慈善公益的主要领域依然是贫困、教育、卫生等其他社会救助，何道峰先生认为这些领域当然很重要，慈善公益依然需要在这些领域生根，但同时他也指出，中国慈善公益应该关注中国的现代化问题。他希望中国的公益行业能在中国人的现代性培养上做出更多有价值的事情，人的现代性问题是我们未来公益要关心的一个重要命题，何道峰先生将公益的实践问题不仅上升到了政治哲学的高度上，同时也是对公益仅仅关注贫困、社会救助这些“社会结果”的方式提出了质疑。

假如说公益的元问题在于能不能更大程度地减少社会实践中的那些“负结果”，那么公益应该关注中国人的现代性，培养这个命题就显得极有洞察力。对现代性的反思涉及的问题太多，批判现代性的学者和批判现代化的实践者可能对此都会有微词。中国慈善公益领域的实践也是多样化的，既有中国传统的慈善思想和实践，也有受到中国国家主义影响的国家主导的慈善公益实践，还有受后现代思潮影响的批判发展的实践，同时也有自由主义范式下的实践活动。在这样一个多元化的领域中，就公益与现代性的关系问题达成一致比较困难，但是就中国的现状而言，发展的差距造成了中国前现代、现代和后现代社会意识形态并存的社会格局。虽然国家主义在政治上整合了社会，但是不同类型的社会意识形态必然践行着不同的社会实践，这让社会整合变得十分困难。公益能否就现代性的问题起到整合社会的作用，我并不清楚，但是当公益人在日常忙碌的社会救助实践的过程中，是否应该思考一下中国慈善公益发展的核心问题是什么？从这个角度讲，何道峰先生的观点会对中国慈善公益的发展有所启示。

王石的乡村公益

王石先生既是中国最成功的企业家之一，也是中国企业公益学家的代表人物之一。他参与了阿拉善 SEE 基金会的创立，并一直参与其中，他还创立了万科公益基金会。王石的公益精神不仅仅表现在作为一般的慈善公益人士的慷慨方面，朋友说他讲义气、有情怀，更重要的是他的公益有着鲜明的市场和科学理性的精神。公益不仅仅是他身上的一个光环，也是他个人的行动。他来访河边村时，我在公寓里做了一顿早餐招待和他一起到来的朋友，我记得当时的早餐非常简单，有烤面包、煮鸡蛋、当地的茶以及我花园里种的水果。王石说非常好，就是有点多，要大家搞光盘行动，我们当时就在餐桌上策划了一个节约型营养餐计划。河边村来的客人越来越多，村民大多都以当地的习惯招待客人，实际上每次餐饮浪费都很多。王石讲村民的饮食习惯不好改变，我们可以引导，但是我们为客人提供的餐饮可以改变。就这样，我们在万科公益基金会下面设立了一个节约型营养餐的公益项目，计划在我正在做的几个村庄里开始实践。①

2021 年 1 月 30 日下午，王石做了一场线上直播，他在直播中说，“如果个体做的事情是利他、利社会的，这会对个体维持自己的内心平静非常有用”，这也许可以看作是王石从事公益的基本动力所在。他说，“我今年 70 岁了，想去做农业”，他把褚时健先生作为榜样，“如果年轻人有兴趣把一部分时间和精力投入到农业中，我非常愿意和你们一块在这方面去努力奋斗，这就是我 2021 年的目标”。他虽然在 2021 年，说他要去做农业，实际上他在这之前就已经开始做了。2018 年，他开始筹备乡村发展基金会，我是这个基金会的百名发起人之一，也是基金会的理事之一。王石对于以色列能在沙漠里发展出现代农业深感敬佩，他希望在中国也能搞成像以色列那样的农业。王石不是农业专家，不能说他的想法都是可行的，但是他的乡村公益情结却是值得称赞的。

如果说王石最初公益的关注点是环保，那么近年来，他关于乡村的热情在某种程度上也反映出中国企业家群体对中国发展问题的敏感性。盲目的公益不能说有多少坏处，但至少是浪费公益资源的。追求效益是企业家的本性，企业家带着这样一种天性从事公益，就有可能

① 该计划已于 2021 年在河边村、麦地冲村率先展开。

使公益变得更有效率，但这都离不开企业家在承担社会责任方面对于社会问题的把握程度。当公益越来越成为一个在社会中发挥重要作用部门的时候，公益行动就真的需要变得谨慎了，这是公益部门成熟的标志。公益部门不同于国家公共部门，其捐赠人出资的模式往往都没有大众问责的机制，存在决策单向性的特点。如果未能准确把握社会问题，那么公益的行动有时会浪费资源，甚至会产生负面性。王石在启动乡村公益的过程中，在全国范围内不辞辛苦广泛拜访各方人士，从农业企业家到官员再到学者，并亲自到农村考察。他与褚时健的友谊众人皆知，我不知道他乡村公益的想法是否来自与褚时健的交往，但至少他对乡村公益的思考是认真的。

他在考察河边村的时候就反复问我，河边村实验的核心是什么？我告诉他中国乡村的价值流失了，富人们在城市里盖房子，把城市建成了花园，有钱人都住在城市。财富是一个社会价值的标志，富人是财富的载体，他们住在哪里，人就会向哪里流动，这是现代社会的一个规律。但实际上，财富仅仅是社会价值的一部分，人的生活实际上是受多元价值驱动的，当财富积累到一定程度的时候，健康生活也是社会价值的重要组成部分。把一个地处热带雨林的贫困村庄建设好，建成一个花园，盖上好房子，乡村的价值就可以开始回流。我当时开玩笑说，如果很多像王石这样的人能够经常住在河边村，也在河边村建一套房子，那么大家也会跟着王石回到乡村，这样乡村的衰落就有可能扭转。一旦把乡村建设成具有这样价值的村庄，我们就需要有现代化经营技能的人来经营乡村，所以我们在村里发起了乡村 CEO 计划，聘请有文化的年轻人按照现代企业的理念来管理村庄。王石对这个设想非常赞同。他的行动是快速的，亲自带团队与中国农业大学校长孙其信教授面谈，希望就乡村 CEO 人才培养方面，与中国农大展开合作。在他的推动下，一个以中国大学和以色列、日本、韩国合作培养中国乡村 CEO 的公益设想已经开始筹备了。不仅如此，王石对于我在河边村进行的让传统和现代对接的实验也非常认同，建设乡村并为城里人在乡村提供一个生活的空间，并不是乡村建设的主要任务，乡村建设的主要任务是在不破坏乡村文化的条件下，尽可能地让传统与现代有机衔接。这一点说起来容易，实践起来却很难。乡村文化价值的流失恰恰是在传统无法抵御现代化冲击的条件下发生的，现代化的力量太强大了，所以我们的提法是让传统中有现代，让现代中有传统。

大多数企业家对于乡村的公益是陌生的，王石也不例外，但是他一直在学习。公益不是作秀，也不仅仅是一次捐款，公益是一项严肃的行动，有着很大的社会外部性。中国的公益之路离不开企业家的作用，这就需要企业家对中国的政治社会格局和中国发展问题有敏锐的把握。在中国做公益其实比在其他国家要困难得多，行走在国家和社会之间不仅需要游刃有余的技能，更需要公益人能够把握中国政治、经济和社会的特点，通过自身的努力造福社会。这个时代的中国企业家大多都有着强烈的家国情怀，他们一方面长期身处于国家主义的政治社会环境的熏陶，理解中国的政治文化，另一方面又亲身经历了市场经济的浪潮。他们大多都是在这期间成了成功的企业家，这是他们这批人进入公益领域所具有的得天独厚的个人经历优势。什么是中国特色的公益之路？中国特色的公益之路就是要在国家和社会中找到自己的空间。

中国会成为公益社会吗？

我一向谨慎，不敢用这样的题目，但是想来想去也没想到一个更合适的题目。其实我也说不清中国的未来会如何，只是觉得至少可以设想。有个南非的朋友说，“日本是亚洲的德国，中国是亚洲的美国”，这话倒是对我有所启发。大家一想到美国，就想到美国是世界上最发达的经济体，可能很少知道美国也是世界上最发达的公益社会。财富和公益既是相关的，又是相悖的，这在美国是如何成为现实的呢？最近徐永光关于公益市场化的文章，让我觉得有必要从未来社会可能发展的方面思考我们的公益事业。中国的财富正在迅速累积，那种有钱就可以随意消费的思想对于社会的和谐来说是有害的。有钱人将财富传承给家人，从而维系了社会的分化，这更是有害的。因此，公益作为除了税收以外的社会和谐的契约，无疑是财富最终回归社会的最佳方式。

我在之前的一些短文中引用了很多美国公益的例子，因为美国是现代公益最发达的国家。我算是公益界新人（虽然很早接触，但思考很少），观点尚不成熟，有时可能不够连贯一致。最困扰我的问题是财富的积累和捐赠之间的关系。我周围有很多人，虽不算大款，但亦非穷人，他们好像都默认“挣来的钱不容易，为什么要捐赠”这样的观点。美国则提供了一个实现财富最大化和捐赠大众化的实证案例。有人说，美国的公益捐赠是富人为了避税。很多美国学者不同意这样的观点，因为这无法解释为什么会有人把所有的财产捐赠出来的现象。中国人的财富还在增加，有钱人的数量也在增加，虽然捐赠也在增加，但是能不能达到 GDP 的 2%（美国的水平），我对此没有把握。按照现在的捐赠文化来推算，我觉得会很难达到。当然，捐赠未必一定要达到多少，但是以我们这样大的国家，全靠政府显然是不行的。随着国民财富的不断积累，公益应该发挥更大的作用，而这需要资源。

我在关注美国公益时，发现美国的公益有其特定的历史原因。17 世纪和 18 世纪到达美国的英格兰清教徒们和贵格会教友们，在财富和遗产的问题上更多地受到了平等主义思想的影响。他们在新大陆创立了平等的土地制度，对需要帮助的人予以支持，利用私有财产建设公共设施，这算是美国公益文化的历史社会根源。这些显然与我们的农耕文化和国家历史的传统不同，但这并不意味着我们不会有一个现代的公益事业。中国这样大的国家，随着财富的积累，如果不能发育成一个公益型的社会那将是非常可怕的。我认为，不论我们的理论家如何分析中国社会的变迁，逐步形成利己和利他相平衡、自立和互助相结合的现代公益型社会，应该是中国社会未来的走向。那么，现代的公益社会有哪些特点呢？

现代公益社会主要体现在捐赠和志愿这两个方面。志愿精神不仅是指做志愿者，还包含了对社会基本秩序的共识精神，如自觉遵守交通法规等。一旦缺乏这种精神，就会自然导致国家维持秩序力量的增加，而这种增加一方面会增加社会管理的成本，同时也会引发新的社会冲突。我们常常看到早高峰时，在繁忙的路口有协助维持秩序的协管人员，但仍有一些行人不顾劝阻强行横穿马路，并与维持秩序的人发生冲突。再如，频频发生的食品安全事故，我们都会归咎于监管不够，但试想，真要做到个个监管，需要有多少人才可以实现？涂尔干讲，现代社会的法律是补充性的，就是这个意思。我认为，这是由于我们公益志愿精神的缺乏造成的。当然，志愿精神也包含着为了他人的利益而牺牲一些自己的利益和财富服务社会的精神。凡是发达的社会，志愿精神都比较发达，也看不到协警和城管。我们会简单地认为，那是因为人家素质高。什么是素质？我认为志愿精神就是素质的核心。遇到红灯停下等候可能导致有些人迟到，虽然是做了自我的牺牲，但是却维持了公共的秩序。当然，这种志愿精神的发育也需要条件，那就是公平——有权力的人不能凭借权力破坏秩序。志愿精神直接涉及捐赠的文化问题。一个现代公益型社会，绝不是只靠几个富人的捐赠，而应该是大众性的捐赠。我当然承认财富积累和捐赠之间的关系，一个贫穷的国家无法成为公益型的社会，但是对于像我们这样一个无论国家还是个人的财富都处于上升阶段的社会而言，我们有理由对我们的社会发育做出必要的预期。我们很多人都持那种“我不富裕，无法捐赠”的观念，同时也恪守“捐赠是富人的事”的信念。富裕的欧美人常常惊叹中国人的有钱程度，这是因为在他们国家的商店里见到中国人是如何消费的。有人说，美国的公益发达是因为他们的富豪多，捐得多，而实际上，美国的捐赠主要还是依赖大众的贡献。早在20世纪初，美国的工人每年都拿出平均收入的3.7%用于捐赠，富豪的捐赠就更不用说了。大众捐赠文化穿越了美国各个阶层，成了美国社会得以稳定繁荣发展的社会基础。美国的大众捐赠文化当然有其特殊的历史原因，但是也与美国的公益事业与大众利益相结合有很大的关系。从某种意义上讲，这种公益也是利己的表现。公共健康、教育和创新等都是美国公益支出的最大领域，这些领域与美国普通人的福利获得直接相关。如果大众的捐赠促进了新药的研制，助推了大学的发展，大家就乐意支持。不能将公益完全看成是利他的行为，利他只是公益的一个方面，完全强调“利他”将使公益不可持续，公益也是利己的事业。我认为，发育现代的公益型社会需要倡导和实践，更重要的是从小的教育。我们缺乏普遍的家庭公益传统，小孩子很少从家人那里建立公益的价值观，这就需要从学前教育开始公益精神的传播。从小开始培养公益型的公民，才有可能发育成公益型的社会。

现代社会不仅仅涉及财富的捐赠和救助，现代社会无疑也是一个市场经济的社会。尽管我们对于市场经济有很多的批判，但这一点似乎不好改变。因为公益涉及财富的分配和捐赠，而市场涉及财富积累的再生产，所以两者看起来有些矛盾。美国社会发展的实践，一方面证明了公益作为一种隐形的社会契约在矫正财富分配和缓解资本主义的剥削方面的积极作用，另一方面也展示了一个现代社会的公益和市场是如何共生发展的。如前所述，那种利己和利他相结合的公益精神创造了社会的公益共识。美国人最崇尚财富的创造，他们强调机会和技能在创造财富方面的作用。美国发达的市场经济来源于公益的支持。美国早期的很多学校和大学都是捐赠建立的，这些捐赠使美国得以拥有高素质人才，技术上的创新，以及领先的思想，而这些也正是美国自由市场经济的核心。反过来，美国的市场经济又为美国创造了巨大的财富。不久前，我在盖茨基金会开会，参观了盖茨先生创立的创新工场，这是一个为解决社会疑难问题而设立的创新工场。盖茨投入巨资，雇用大量的科学家和工程师为解决众多难题进行攻关。如前面提到的无电冰箱，他们注册了专利，然后将专利无偿转让给中国青岛的一家企业来进行市场化生产。这是一个慈善创新的案例，从侧面反映了公益和市场是如何结合的。我曾经提过所谓的“方案公益”的问题，主要是想把我们对于公益的理解拓宽一些。我们往往把公益看作是一种无私的奉献和救助，这当然没错，但这仅仅是公益的一个方面而已。公益最初起源于欧洲，但是欧洲的公益与美国相比还是落后的，主要的原因是公益与市场的结合在欧洲不像在美国那样紧密，这当然与欧洲的国家力量相对强势有很大的关系。有人认为，美国的市场创新来源于企业。的确，很多企业都有自己的实验室，但是创新需要综合研究，任何企业都无法配备所需的全部资源，所以大学一直是美国经济的创新基地，而大学也正是美国公益资源的主要投入目标。公益通过捐赠实现了财富的再分配，通过向教育、医疗和人力资源开发的投入，活跃了美国的市场经济，形成财富积累和分配的良性循环。经济发展自然需要其他要素的投入，我们也习惯把创新看作是政府和企业的责任，这都没错。但是随着社会日趋复杂，对很多问题需要有超前和及时的应对，政府官僚和企业家的短视很难做到得心应手，公益则可以发挥很大的作用。只有当公益对解决社会问题产生巨大影响力的时候，公民社会才算是成熟的，政府和公民社会以及市场之间才能建立和谐的关系。

我不是从制度角度讲社会的发展，也不是从市场角度讲经济的发展，我也不主张照搬学习美国的模式。美国的公益有其“暴力”的成分，也有一些“寡头”政治的倾向，但是我们可以借鉴美国公益繁荣和市场发达之间的经验，促进建立公益、政府和市场的共生关系。公益与市场的关系还涉及公益运行市场机制的问题。我以为，公益的市场化并不是要改变公益的本质，相反，这是在促进公益资源的可持续性。假如一个企业在市场中挣了钱，除去支付成本，把盈利再投入到解决社会问题的创新中，创新的专利无偿转让或优惠转让，生产穷人能支付起的产品，这不算是公益吗？即便企业获得了高回报，我认为这也是公益。中国社会的未来，在于能不能发育出有生命力的公益，而这取决于能不能与政府和市场建立起共生的关系——因为发达的公益既能促进财富的积累，又能调节财富的再分配。公益这个社会和谐的隐形契约弥补了政府和市场在财富创造和分配上的不足，成为一个发达社会有效运转的重要机制之一。

公益能脱离政府吗？

美国社会学家李普塞特（Seymour Martin Lipset）有一个著名的理论，叫美国例外主义。它包含很多内容，其中一个重要内容是美国人不喜欢政府，他们宁愿捐钱资助教育、卫生、体育事业，也不希望政府干预太多的公共事务。托克维尔对美国最深刻的印象也是美国社会的公益和志愿行为。我们现在的公益，无论是公益理论还是公益方法等，都深受美国的影响，但是，中国的政治社会经济的特点几乎和美国形成强烈的反差。中国的国家、单位无时不在，社会事务主要由政府负责。这有点像欧洲的模式，欧洲的公益就不如美国那样发达。因此，我们的公益社会总是有一个难以抹去的集体性记忆，就是公益要有一个独立的空间、独立发挥其作用，要平衡国家、代言社会。平时我们也能发现，很多公益人不自觉地认为自己代表了弱势群体的利益。在这一集体性记忆的驱动下形成的公益理念和公益行动，在客观上往往与政府形成某种程度的重叠，甚至张力。所以我们总是纠结中国的公益走向何方，好像我们公益社会每天努力的方向都是在与政府争夺一些空间。当下的国家治理语境告诉我们，中国是一个不同于美国的国家，这种差异恐怕会长期存在。因此，我认为中国公益首先需要面对的问题是如何与政府合作。

浙江新湖慈善基金会的秘书长叶正猛先生过去做过县委书记，后来又做企业，现在做公益，每次说到与政府的合作，他都会说那必须要和政府合作。叶正猛对中国体制的认识是深刻的，不能说这样的观点都是功利主义的。在中国，企业需要和政府搞好关系，这一观点还是基于现实和社会文化的。现代公益的一个重要使命是能够有效地解决社会问题。在中国发展研究基金会卢迈先生的推动下，新湖慈善基金会与云南省政府合作，在云南怒江发起了一个学前儿童全覆盖的乡村幼儿园计划，这个计划有效地动员了政府的财力和人力资源，成为一个为数不多的民间公益组织与政府深度合作解决社会问题的成功案例。我在怒江考察乡村振兴时，怒江的领导同志说，“新湖的公益项目弥补了我们的短板，结合了我们的强项，解决了怒江农村学前儿童的教育问题”。这一项目的另一个重要结果是推动了将农村学前儿童发展列入政府预算的进程，因为农村学前儿童教育不属于义务教育的范畴。

我在河边村的扶贫，从一开始就面临如何与政府合作的问题。在几乎所有的民生领域，政府都有巨大的资源投入，例如扶贫。河边村被纳入易地扶贫搬迁、整村推进、产业扶贫项目后，预计有近千万的扶贫资金投入。在这种情况下，我再进行社会筹资，显然是没有意义的。因此，我仔细研究了政府资金的使用，发现政府资金只能用于基础设施和房屋的框架建设，如果要建设“瑶族妈妈的客房”这一类项目，政府的资金无法用于购置床品、窗帘等耐用消费品，也没有修建卫生间、厨房的财政预算，而且政府也缺乏如何规划该项目的能力。所以，我与政府协商，承担起规划和筹资解决政府预算无法覆盖的那部分工作。我把这个工作称作“引领性”和“补充性”工作，通过规划和示范，引导政府资金的使用，同时通过公益捐赠筹集资金，补充政府资金的缺位，产生了一个“小公益，大影响”的公益实践。

与政府合作并非易事。首先，如何在政府的议程中找到自己发挥作用的空间，这需要提升公益组织的专业水平。我十分赞同徐永光讲的公益组织不能仅仅成为资金的二传手，虽然我们大多数的公益组织的确擅长二传手，也擅长在政府缺位的情况下自由发挥，但是当讲到与政府的合作时，很多公益组织会束手无策。我曾讲过，在中国特殊条件下，公益组织要成为“智慧公益”，也就是说，公益人需要大幅提升知识水平。与政府合作有时候不仅仅是态度问题，更是技术问题。我们有很多慈善公益学院，客观地讲，所提供的课程在提升公益组织与政府合作能力这方面是远远不够的。其次，公益组织要发挥深入基层的优势，这也是政府的短板。很多的公益组织能够做到这一点，但是大多数的公益组织其实恰恰做不到这一点。我在云南农村工作了六年，很少见到公益组织扎根村里的工作案例，当然我也听到很多公益组织说他们是扎根乡村的，也许是我没有遇到。最后，是所谓的道德竞争问题。在很多失败的合作案例中，失败的主要原因是双方出现了信任危机。一方面，有的公益组织出于筹资的目的，往往容易急功近利或突出强调自身的作用，让政府产生了某种猜疑。比如我曾经见过的一个项目，公益组织反复说政府如何给他们设置障碍。另一方面，政府为了应对考评，也会突出呈现政府的作用，这都很容易形成相互间的不信任。因此与政府的合作，一定要选择政府短板，若是在政府的强项上合作，一则导致资源重复，二则会产生成果的竞争。公益组织与政府的合作更需要看最终的影响和项目的效果，而不应该在谁作用大的问题上与政府讨价还价。

如何与政府合作，不仅仅是上面所讲的这些技术问题，更重要的是要接受政府力量的主导，如在脱贫攻坚战中，政府讲“政府主导，社会参与”，这意味着政府愿意让民间力量发挥作用，但是必须在政府的领导规划下开展相应的工作。从这个角度讲，政府把民间力量也看作是在其领导下的国家力量的一部分。这一政治社会的认知框架与公益社会自己的认知框架存在一定的差异。按照中国特色与政府开展合作并不意味着把公益组织变成政府机构，相反，公益组织应该成为具有中国特色的社会变迁的能动者，这就需要公益组织不断地与政府合作，促进政府在政治和法律等层面建立起更符合中国公益组织特点的制度环境。公益组织不能只靠嘴巴讲，而是应主要依靠自己的行动来展示公益组织的独特作用。总之，与欧美和其他发展中国家不同的是，中国公益社会发展的环境相对复杂，简单的“国家—社会”二元对立的框架不适合中国公益的实践。公益社会如何能在国家和社会融合发展的客观条件下发挥作用，将是建构与政府合作关系的关键所在，这需要理论和实践的创新。

精准扶贫中公益为何缺位？

制度性资源供给不足，不仅影响了社会资源参与扶贫的力度，也影响了在“最后一公里”之内因缺乏有效的专业组织和人力资源导致的扶贫资源使用效果。

政府在制定公共预算时应该考虑公益组织的发展需求，特别是在民生领域的公共投入需要考虑给公益部门留有一定的参与空间。中国公益组织在精准扶贫中集体性缺位，一定程度上反映了其系统性参与这一重要社会行动的能力不足。党的十八大以来，党中央全面打响脱贫攻坚战，其力度之大、规模之广、影响之深，前所未有，这也是自政府推动扶贫工作几十年来决心最大、资金资源投入最多的扶贫行动。

在我看来，精准扶贫的关键不仅要明确谁是贫困人口，更重要的是投入的扶贫资源在“最后一公里”之内如何能转变成贫困人口可持续的脱贫资源。因此，在解决扶贫“最后一公里”问题时，需要专业性组织和人力资源与贫困人口一起创新。

中国公益组织一直都把扶贫救助作为其主要的工作内容，也在这“一公里”内积累了丰富的经验。但是，尽管中央政府反复号召鼓励公益组织参与精准扶贫，与汶川地震及其他灾害出现时公益组织集体性介入不同，在当前大规模的精准扶贫实践中却很难见到体量已经非常庞大的公益组织集体性和系统性地参与。这是为什么？

公益组织在扶贫这一民生领域中的集体性缺位，一方面，会加大政府组织资源供给的压力，即使政府部门在行政指令下可以投入大量的人力资源，但是精准扶贫“最后一公里”工作仍是一个专业性很强的社会工作，需要有长期的发展工作经验。政府各职能部门都有自己的业务工作，所派出的人员并非都能胜任这个任务。同时，各级地方政府经历机构改革之后，其本身人力资源已经非常紧张，也无法满足扶贫一线对组织和人力资源的需求。

另一方面，公益组织在精准扶贫中集体性缺位，也使公益组织失去了系统性和集体性锻炼自己如何解决贫困问题的机会，特别是失去了在这个场景中构建政府—公益组织关系的机会。应该说，公益组织在精准扶贫中大规模的缺位，无论对于政府、公益组织还是贫困人口都是很大的损失。那么，究竟为什么会出现这一缺位呢？

其实，对于公益组织参与扶贫，政府一直是鼓励和支持的。我发现，在近十余年扶贫开发相关政策文件中都有明确条文，而且政府在其机构设置中均有协调社会扶贫的专门功能。除了扶贫部门直接相关的扶贫工作以外，政府将社会参与扶贫的各个方面都列为社会扶贫范畴。但是，与企业和实际上来自政府的各种事业单位以及一部分资助型基金会不同的是，大多数公益组织本身没有财政资源，它们的活动依靠筹款。也就是说，如果没有来自政府和资助性的资源供给，大部分行动型的公益组织就无法参与到当前的精准扶贫中来。

虽然政府一直在推动政府购买社会服务工作，但是，我至今未看到将扶贫项目作为购买服务的实践。一方面，政府大力支持公益组织自筹资源参与精准扶贫，这就如同政府大力支持企业参与扶贫一样，但其制度设计的前提是企业和公益组织投入自身资源，问题是具有这种能力的公益组织不多。另一方面，大量公益组织由于缺乏相应的资源供给，也就不能贡献它们的经验、人力与技术。虽然政府对于各种贫困地区的资源进行了有力整合，但是资源管理仍趋碎片化，仍需要按照财政和信贷资金管理的渠道及路径由政府实施。

比如，到了贫困村的建设项目需要按照招标采购程序展开，公益组织无法进入这个轨道。2005 年国务院扶贫办和亚洲开发银行实施了非政府组织参与扶贫的试点。在该试点中，政府尝试将资金通过招标形式由非政府组织实施，并划拨一部分人员费用，据称试点 3 年取得了很好的效果。但是，这样的政策实验并未能推广应用，其主要原因在于财政扶贫资金在管理上无法向公益组织开放，其他部门管理的资金也没办法由公益组织来执行。

在我看来，到了贫困村里的小型基础设施项目完全可以由公益组织和农户一起实施，但现行项目管理要求，只有具备相关资质的公司才可参与招标，中标后方可实施。于是，扶贫项目变成了外来人员在贫困村建设、村民旁观的项目，而且外来的公司和工人只做贫困村建设项目，他们并不关心扶贫工作。

我认为，公益组织完全可以在聘请技术人员确保质量的同时，动员农民参加项目，这一方面可以增加农民收入，另一方面也可大大降低成本。重要的是，公益组织可以通过这种形式进入到扶贫“最后一公里”，和农民一起开展扶贫工作。

除了制度性资源供给不足之外，政府对于扶贫工作的技术难度也存在认识不足。政府认为只要有帮扶单位，有驻村干部，“最后一公里”之内的工作就可以解决。实际上，进入贫困村所面对的是一个复杂的社会系统，需要具有社会工作等专业经验和知识的专业机构才能从事这样的工作。大多数公益组织本身就是以社会工作为主的机构，从业人员大多都是经过培训的专业社工，是从事扶贫工作理想的组织和人力资源库。但是，在现行扶贫管理体制之下，这样的资源却被忽视。不少政府工作人员既不能满足在贫困村开展工作的需要，也加剧了政府部门人员紧张的局面，甚至导致了在人员派出方面的形式主义。即便政府加大对帮扶和派出工作的监督，仍无法从根本上解决这个问题。

实际上，制度性资源供给不足不仅影响了社会资源参与扶贫的力度，也影响了在“最后一公里”之内因缺乏有效的专业组织和人力资源导致的扶贫资源使用的效果。行政性的运动式组织和人力资源配置可以解决资源的传递，但无法确保资源的使用效率。

同时，这种制度性资源供给不足，还会由于大量的公益组织本身不能实现集体性和系统性的参与，进而导致这些公益资源无法系统性融入政府的民生行动中，更不利于这些公益组织培养从事基层工作的能力。

精准扶贫是国家践行现代治理最好的场域之一，也是培育政府和公益组织良性关系的理想领域之一。只要政府能够认识到公益组织的潜力并在制度供给上予以改革，公益组织完全可以在精准扶贫中发挥更大的作用。

中国公益组织的迅速成长，是过去40年转型变化的重要内容。公益组织已成为中国社会治理和社会服务的重要力量之一。政府支持和鼓励公益组织参与社会治理和从事社会服务，新的慈善法也界定了社会公益组织的行为规范。如何将日益庞大的公益部门有机融合到中国发展大潮中，是中国社会稳定发展的重要方面。十多年来，公益组织发展迅速，同时这些组织也动员了巨大的民间资源。依托民间资源依然是公益组织发展的基本机制，也是政府乐意支持公益组织发展的基础。随着财政体制逐渐走向真正意义上的公共财政，公共预算应该考虑公益组织的发展需求，特别是在民生领域的公共投入需要考虑给公益部门留有参与的空间。

政府购买服务已经在很多地方开始实施，但是政府需要系统考虑公益组织如何能够成为执行落实社会和经济发展战略的重要力量。扶贫、社会救助及环境保护等领域是公益组织具有优势的领域。向公益组织开放这些领域，可以很好地利用公益资源，实现公共资源高效化。在我看来，从制度层面支持公益组织参与社会治理，是在多元化社会构建和谐社会关系的重要内容，这一点应该引起政府的关注。

在过去几十年中，公益组织一直直接或者间接地参与相关扶贫行动，如“希望工程”就是教育扶贫领域最成功的案例。与当年的“希望工程”和最近几年的营养午餐等公益扶贫创新相比，在解决系统性贫困的行动中，却很少见到积极参与的公益组织。

大量公益组织的扶贫行动仍然集中在各种救助性的行动，很少见到系统性的方案，即使有创新实践也只停留在很小的范围内。依我所见，造成这一局面的原因，有来自制度层面的问题，但也折射出中国公益领域发展的结构性问题。

中国公益组织从某种程度上承袭了国际上“边缘社会功能”的特性。当社会主体性问题由政府和市场承担起来之后，社会一般会作为一个平衡力量去关注那些政府和市场治理关乎不到的其他问题，从而形成了社会问题解决的边缘—中心的结构关系。这样的结构关系造成了公益组织的碎片化和功能的非系统化。

值得注意的是，中国公益组织一直处于中产阶层的文化价值和资本逻辑之间的旋涡中，其文化偏好和文化符号停留在公益圈中，很难在不同阶层之间流动，其碎片状的经验很难整合到国家的主流发展行动中。

近年来，有学者试图从中国传统文化中找线索，但是如何将传统的慈善思想和现代公益思想转变成中国现代的公益思想，依然有待探索。在持续性的“边缘性社会功能”的影响下，公益组织发育出了社会问题的“边缘”视角。在这个视角下，的确也发育出了很多解决社会问题的创新，但是也失去了发育集体性和系统性介入解决主流社会问题的能力。

过去，公益组织虽然积累了丰富的社会救助和社会治理经验，但是这些经验多为碎片状的。精准扶贫无论从贫困人口的识别，还是贫困人口的需求以及如何解决他们的问题等方面，都需要系统性的知识体系作支撑，大多数公益组织尚不具备这个知识体系。综上所述，中国公益组织在精准扶贫中出现的集体性缺位，实际上也一定程度地反映了其系统性参与这一重要社会行动的能力不足。

万达的14亿元能干什么？

2016年，我听说了万达14亿元的丹寨精准扶贫项目，随后又看到它发放5 000万扶贫基金的消息，联想到我一直关注的公益如何解决社会问题的路径问题。王健林的14亿元能解决多少社会问题？②

我曾经说过，“公益组织能不能减少一点直接的发放型（如现金、物资）的救助公益？”不是说救助不重要，及时有效的社会救助无疑是公益的重要工作，但是直接的救助性公益会助长社会在救助方面对公益资源的依赖，也催生了对被救助群体的过度消费和被救助群体的不断再生产，甚至还由此造成了极度悲情渲染下的盲目捐赠，以至于有人利用社会悲情和慈悲进行不法活动，导致公益信用危机。

不同的是，方案公益瞄准社会问题的根源，依托创新寻找社会问题的根本解决方案。这样的公益将捐赠稀释并融汇到问题的解决方案中，把公益产品转化为非竞争性的公共产品，极大缓解了传统慈善可能引发的捐赠和接受之间的道德张力，降低了捐赠的道德异化倾向，提升了公益领域的知识生产能力和公益产品的知识含量。

现代社会的问题远比传统社会更复杂，方案公益也自然成了现代社会通过公益解决其问题的有效形式。比尔·盖茨在其基金会中倡导和实施的一系列公益实践，国内的如儿童营养午餐等众多公益创新，都是方案公益的典型代表。我对于万达在丹寨扶贫的细节尚不了解，无法进行客观评价，但从设计和初步效果来看，在方案公益上，这是

② 王健林2014年第一次与丹寨政府签下了一笔投资10亿元的包县扶贫协议，后来经调整，将扶贫资金增至14亿元。其中3亿元捐建职业技术学院，6亿元捐建一座旅游小镇，5亿元成立一只丹寨扶贫专项基金。

公益资源在扶贫领域大规模投放的创新尝试。

万达集团在丹寨设立5亿元的专项扶贫基金，每年保底5 000万元用于现金转移式扶贫。以捐赠性公益资源保底运作，这是国内以这种方式扶贫的最大规模尝试。就公益资源的供给来讲，这是公益界普遍的实践做法，也是现代公益借助资本市场确保资源永续供给的可行方案。从这个角度来看，万达与其他公益基金的做法并无太大差异。当把基金收益较大规模地用于现金转移，从而开展扶贫工作时，万达具有先导性，但也可能会引发一系列问题。

第一，现金转移式扶贫的效果取决于以下几个条件：一是目标群体应是社会中最困难的部分，无法通过竞争性就业或自我就业维持自身福利；二是要在社会学和技术层面具有严格排他性的、没有争议的标准，如五保户；三是对目标群体要有严格的准入和退出机制，也就是要有一个机制来评价和监测每一个受助人的福利和收入变动，如德国的个人收入和就业监测系统。万达分红的目标群体中包含了一部分极为贫困的人，但也外溢到了所有“贫困人员”。在上述条件不具备的情况下，实施现金转移，即便资源供给可以持续，但过大的群体规模依然是个挑战。一是削弱了到达每一个人的救助强度；二是由于针对“所有贫困人口”，进而诱发“挤入”和“搭便车”等救助目标异化的情况，导致道德风险和社区秩序紊乱。低保政策和其他扶贫政策之所以出现问题，核心原因也在于此。

第二，公益资源用于现金转移扶贫，即便是严格瞄准了极少数的群体，仍需要考虑针对这个群体的其他资源供给。如果万达的现金转移资源不是稀缺资源，那么从公益角度讲，这个资源使用的意义就不大。假定万达只为农村极少数的五保、残疾等人口提供救助，那么国家在这方面支出的资源并非稀缺，关键问题是执行的效率和效益不好。万达如果能够解决效率和效益问题，意义将会更大。如果把目标群体放大到所有贫困人口，那么万达的资源就具有稀缺性，但是当把所有贫困人口都作为现金转移目标时，这种稀缺资源的竞争性会急剧上升，从而出现道德风险问题。

第三，贫困地区需要救助的群体数量远远超过现有资源供给所能覆盖的数量。从这个意义上说，万达的扶贫基金属于补充性资源。作为补充性资源的使用方向，一是去覆盖那些没有被覆盖但实际应该被覆盖的群体。这一点非常有意义，因为毕竟万达还不能覆盖全国，如果探索出与其他资源配合、覆盖需要救助群体的路径，可以给其他公益组织提供经验和模式。

另一个使用方向则是增加已有资源的强度——对资源不足、支持力度不足以帮助目标群体抵御风险的部分，进行叠加支持。这样的支持同样有意义，因为需要界定救助额度和风险抵御之间的关系，但是在现有体制下如何做到补充性公益资源的有效使用，难度很大。因此，建立一个目标精准的操作性制度，成本很高。万达如果能在实施过程中支持所在地区建立相应的监测机制，对全国的扶贫会有很大的意义。

上述看法并不必然意味着万达的现金转移式扶贫不可持续。万达的实践才刚开始，不能给予任何定论。随着经济社会的发展，社会中一定会有处于最底层的群体无法通过竞争性的经济活动维系自身福利，而社会总需要对他们加以保护，这就是保护式扶贫。现金转移是保护式扶贫最为简便的方式，目前的挑战在于，一方面保护式扶贫的资源不足，另一方面保护性政策严重碎片化，漏出和外溢严重。而开发式扶贫一方面包含了不具备开发能力的群体，造成了资源的浪费，另一方面补助资金大多采用实物发放（如给几头猪或羊、作物种子），在瞄准上同样存在类似低保的问题。

随着农村社会分层的日益明显，需要考虑严格界定保护式扶贫的目标群体，缩小范围，同时提高保护的强度，强化瞄准机制。政府的金融和财政资源可以学习万达基金经营的思路，通过资本市场的增值来确保资源供给的可持续性，从而减轻财政支出压力。同时，对于开发式扶贫的对象，则需加大非竞争性公共产品的供给，重点放在消除贫困农户在市场中增收的障碍上（如制度性、结构性的障碍），在开发式扶贫中逐渐弱化瞄准机制。万达丹寨扶贫的意义恰恰在于它的实践触及了目前扶贫的一些根本性问题。

依托产业扶贫是全国各地精准扶贫的主要举措。对于具有开发能力的贫困人口而言，即使他们的收入低也不应该实施现金转移式扶贫，通过个人努力和市场的机制要好很多。但是，产业扶贫普遍陷入了“产业选择悖论”和“农户市场困境”。扶贫产业大多集中在传统农牧业，而且主要还是初级生产行业。经过几十年的发展，农产品已经呈现严重的过剩，继续依托这些行业所能产生的利润很低，而且规模越大，风险越大。

由于大多数农产品的价格渐渐逼近农户生产成本的门槛，有的甚至低于这个门槛，也由于缺乏挖掘地方特色产业的开发能力，加上扶贫任务的时间倒逼，地方政府很难开发出具有高价值的产业，扶贫产业开发大多陷入“产业选择悖论”。如果是有潜力的产业，而农民无法进入广阔的市场，天生在市场中的企业便成了地方政府完成脱贫任务的希望。

但是，“农民市场困境”恰恰为企业过多占有价值链份额提供了合法的依据。在很多“公司 + 农户”的扶贫中，贫困户收益的增加幅度有限，不足以帮助农民越过贫困陷阱。

万达产业扶贫没有按照预先的设计去养猪、种茶，显示了它在扶贫产业选择上的智慧。选择旅游显然把握了能产生高收入的这个关键，特别是选择这个产业链上的农民都可以受益，从而在价值链整体上拓宽农民收益的范围。这不是一个瞄准性的项目，而是一个机遇和能力的竞争性项目。

各地类似的创新很多，但万达将公益资源投入到旅游产业，突破了“产业选择悖论”。这样的产业当然也有风险，一旦经济受到影响，旅游一定受冲击，但就其所扶持产业的前后变化而言，万达经历了产业创新的选择过程。

丹寨旅游小镇不是一个企业的商业性开发，而是一个扶贫式开发，这一模式实质上是较大规模的社会企业的扶贫尝试。如上所述，由于不对等的权力关系，“公司＋农户”的形式占有了过多的产业价值链的份额，但是我们不能要求一个企业放弃追逐利润的激励。因此，产业扶贫需要一个不同的市场机制，社会企业创新可以很好地突破“农民市场困境”这一难题。

万达利用其地产经营的实力，将丹寨旅游小镇打造成盈利的商业企业，但是三年后交给地方将如何运行？如果不按照社会企业的模式，有的地方再转交给私人经营，那么就会出现很多的问题。这些问题还有待进一步观察。

中国民间组织为什么也要“走出去”？

近年来，中国民间组织的身影在区域性和国际性的平台上越来越活跃。比如，中国扶贫基金会在缅甸和尼泊尔设立了合法的办公室；爱德基金会不仅到发展中国家展开援助，还在西方国家设立了办公室。此外，公益界的大咖也都在积极推动中国民间组织“走出去”。这正在成为一种潮流，该现象可以称为中国“走出去”的“第三次浪潮”。由此，自然会产生一个问题：中国民间组织为什么要“走出去”？这会给整个世界带来什么?

在讨论之前，我们不妨简要回顾一下西方民间组织在这两个问题上的答案。西方民间组织“走出去”的历程大致可以划分为三个阶段。

第一阶段是以教会传教为主。英国是西方民间组织“走出去”的先行者。英国的基督教会在1698年成立了“基督教福音促进会”，1701年成立了“福音传播会”，这两个组织起初的功能主要是为海外殖民者和军人提供精神福音。1776年，《福音教会》杂志发表社论，呼吁向非洲传教。1809年，英国教会开始前往新西兰。因而，传教既是西方民间组织“走出去”的开始，也是西方援助工作的起点。很多被西方视为教化对象的群体在信仰上都具有拜物性，因而往往需要通过物化的拯救行动来实现传教的目的，所以，传教士们往往懂医术，并同时开展物化性的社会救助服务工作。经过长期的坚持，传教活动取得了明显成效。比如，19世纪南非的库卢曼建设的如同一个苏格兰的村庄，人们的穿着、住房和卫生状况都已完全英国化。可以说，这一阶段西方民间组织的“走出去”让西方文化在全球范围得到了更为广泛的传播。

第二阶段以人道主义为主要特点。这一阶段西方民间组织主要有三种：其一，传统的教会民间组织。一方面，传教本身与人道主义有一定关联性；另一方面，这些组织尤其关注战争导致的跨国主义灾难，这些传统的教会组织逐渐成为从事人道主义救助工作的主要力量之一。亨利·杜南正是因目睹法奥战争带来的人道主义灾难而努力促成了国际红十字会的成立。其二，西方民族国家因战争原因催生出很多新的、非宗教色彩的民间组织，这些组织逐渐成为专业性的救助机构，服务范围也逐渐扩展到更多领域。其三，一些以资助的方式介入发展中国家教育和研究的民间组织。一战以后，不同于传统宗教传教和慈善救助的民间公益组织开始在美国出现。洛克菲勒基金会就是一个很典型的例证，它在20世纪20年代开始支持中国大学围绕中国发展开展经济学研究。西方民间组织在这个阶段为世界带来了有组织的人道主义援助的概念，开始在全球范围内促进自然科学和社会科学的发展。

第三阶段始于二战时期，这一阶段的民间组织主要以促进发展中国家发展为主要使命。这一阶段的民间组织议题逐渐广泛，政治上存在左翼、右翼和中立等不同意识形态，形式上存在资助型、行动型、服务型等多种类型。而且，战后西方经济的发展促进了对外援助的迅速增加，进而扩大了对执行机构的需求。有两个因素促使本阶段西方民间组织的“走出去”形成高峰期：一是官方开展援助需要有经验的民间组织参与，如欧洲国家的部分对外援助预算由民间组织负责执行，民间组织从公共问责的角度切入可以减少官方机构垄断公共资源所带来的问题，增强援助资金使用的透明度；二是大量的西方民间资本开始投向发展中国家的公共事业，如社会救助、教育、卫生、环保等。过去几十年出现的关于企业社会责任的观念也催生了很多资源依赖型的专业性民间组织。

尽管二战以后西方民间组织带给世界的价值是多元化的，然而，西方民间组织“走出去”的三个阶段是伴随着资本主义工业化在全球的扩张而展开的。分析西方民间组织给世界和发展中国家带来了什么，要全面地、一分为二地看待。

对世界来说，一方面，西方民间组织在总体上促进了殖民主义的解体，促进了健康和环保事业的发展；另一方面，西方民间组织作为西方的文化形态载体，与资本主义的工业文明和意识形态都有着千丝万缕的联系。虽然西方民间组织中的大多数工作人员并不是西方政府的直接代表，但他们却是承载着西方文化符号的自然人，会把西方的各种思潮带到全世界。还有很多的西方民间组织都不同程度地服务于殖民主义和资本主义的扩张，服务于西方的政治和战略需要。

对发展中国家来说，西方民间组织为发展中国家带来了发展的财政资源、理念和方法，对于发展中国家的社会经济发展产生了积极的作用，这在教育和卫生等领域尤其明显，但同时也对发展中国家的治理产生了负面的影响。正如很多学者批判的那样，当时发展中国家的国家能力很弱，各种类型的民间组织涌入，其作用如同“第二政府”，不仅没能很好地促进社会整合，在很多情况下甚至推动了社会断裂，制造了社会的碎片化。

虽然中国与世界的联系并非今天独有的现象，中国的文化随着这种历史的联系也早已深入到世界的每个角落，但是现代意义上的“走出去”还主要是从20世纪开始的。

20世纪中叶，中国取得了民族独立和人民解放，这种革命和建设的经验会不自觉地“走出去”。改革开放以后，中国在发展自身的同时，也为世界贡献了发展智慧。伴随着新的全球化进程，特别是最近10年来，中国的文化开始有组织地“走出去”，中国的民间组织也开始尝试性地“走出去”。我们可以把这个现象看成是一个新的发展模式成长的有机过程。当然，这个过程也会面临诸多新的挑战和机遇。

首先，国际民间组织的政治社会生态已形成特定的路径依赖，这一路径占据了很大的国际发展空间，也制约了民间组织对促进发展中国家发展的努力。中国民间组织“走出去”必须要避免简单的资源重复投入，这就需要开拓新的政治社会空间。中国民间组织没有西方式的宗教传播的使命，传播新发展经验成为中国民间组织有别于西方的重要特质，也是能得到包括西方社会在内的大多数国家欢迎的重要原因。

其次，中国的民间组织成长于我们特定的政治社会生态中，是在与国家和市场互嵌式的合作中发挥作用的。尤其是中国民间组织与政府互动和衔接的模式，尽管还有不少困难有待解决，但从社会整体上看，二者的活动和衔接无疑有利于社会的稳定与整合。中国的民间组织“走出去”需要具有很好地为发展中国家提供社会整合的能力，不能成为另一个可能导致发展中国家社会“碎片”的角色。因此，中国民间组织“走出去”带给世界的不仅是新发展的经验，更是“国家—社会—市场”的互动模式，这给国际民间组织传统的二元对立政治图谱提供了新的资源供给。

再次，中国民间组织是在资源供给相对缺乏的条件下成长起来的，创造了很多资源节约型的公益模式，同时也创造了新经济条件下通过技术创新来筹资和实施公益的模式，如互联网公益。中国民间组织显然可以为其他国家公益事业的发展提供有价值的实践参考。

最后，在过去40年中，中国的民间组织与来自发达国家的民间组织共同在中国努力耕耘，创造了在中国政治社会语境下的合作模式。这一模式可以为如何对接国际经验并使之本土化提供借鉴。

总而言之，中国的民间组织要想为全球带来新的发展伦理，还需要加强自身建设。中国民间组织需要加强文化敏感性，把握运用新发展伦理，有机地接入到其他国家，既要避免简单照搬西方民间组织的经验，避免做简单的资源搬运工，也要注意传播中国发展和文化的成功经验，从而成为国际发展体系中的新生健康力量。

中国民间组织的第三次浪潮

徐永光先生在十多年前就推动“希望工程‘走出去’”，他看到了这个趋势，当然公益界的很多同人都看到了，也都逐渐开始实践。但是，中国民间组织直到最近才开始系统地思考“走出去”的战略。中国的民间组织“走出去”虽然起步晚，但动向却值得高度关注。

我记得10年前，我作为中国扶贫基金会的理事，建议他们“走出去”，何道峰、王行最和刘文奎都一致赞同，而且他们都比我更有见地。中国扶贫基金会在苏丹的医院项目、在埃塞俄比亚的教育项目、在尼泊尔的灾后重建，爱德基金会和中国民间组织在尼泊尔震后联合救援等，都是中国民间组织“走出去”的代表。中国扶贫基金会在缅甸注册了机构，最近爱德基金会在欧洲设立了办事处。老牛基金会的副秘书长亚安强告诉我，他们在和布莱尔基金会合作。中国民促会的黄浩明一直在推动“走出去”的政策。国际非政府组织也开始关注中国民间组织“走出去”。中国民间组织在经历了40年风风雨雨的发展之后正在进入一个新的成长阶段。从某种意义上说，中国民间组织的“走出去”是以中国为“焦点”的当代全球化的重要组成部分，也可能代表了中国“走出去”的第三次浪潮。

中国“走出去”的第一次浪潮是从20世纪50年代到70年代的“走出去”。这次浪潮是以中国革命成功为先导的，以“援助亚非拉人民”为形式。从“走出去”的动力而言，有中国领导人承载的“周行天下”的历史情怀抱负，有通过援助打破封锁寻求国际生存空间的现实考量，也有国际共产主义的理想。这是中国自明代海上开拓以来，数百年之后中国的世界“再现”，这也是中国在现代尝试“把握”世界的开始。第一次浪潮给中国带来了什么不是本书的讨论重点，但是很显然，我们有必要把这些看起来不相关的事件联系起来看中国发展的世界意义。

中国“走出去”的第二次浪潮是从20世纪80年代到现在的“资本‘走出去’”，也就是中国企业“走出去”。与早期大英帝国“走出去”不同的是，中国企业承载着中国的“红色资本”和“特有的发展经验”。与第一次“走出去”浪潮的境遇不同，第二次浪潮与外部的境遇产生了巨大的政治社会和经济的张力。那些原来记忆中的中国是个慷慨的“施善者”，成千上万的工人不怕苦不怕累地修建坦赞铁路，就是深深扎根在非洲人心中的中国。现在中国要和他们谈判，要互惠互利，他们就不适应了。中国的企业要收购西方的企业，西方人也不适应，中国长期以来是他们“剥削”的对象，现在中国却要赚他们的钱。如果说第一次浪潮更多是政治意义的，那么第二次浪潮则是经济意义的。

严格意义上说，西方“走出去”也经历了几次浪潮。大英帝国的个人探险和寻找财富以及大规模的海上贸易是他们的第一次“走出去”浪潮。接着就是以教会传教为特点的第二次浪潮。他们的第二次浪潮实际上算是民间组织“走出去”，因为这是民间行为，而且是有组织的，目的不是探险和寻宝。中国的民间组织自然不同于西方的民间组织。中国民间组织的成长是在中国特有的国家和社会的关系体系中发育出来的产物，它身上有着深深的中国烙印。有一位“出去了”的朋友不经意间告诉我，他们认识的一些大人物，也为见到什么高官而自豪。中国的民间组织还面临国内众多的疑惑和不解，他们没有西方民间组织背后庞大的基于基督教拯救世界理念的社会大众的支持。

然而，正是这样的成长经历才有可能成就中国民间组织特殊的国际意义。有人问我为什么中国的民间组织一定要“走出去”，我说这个问题就好比在问一棵树为什么要有那么多树干。社会就像一个生命体，大树的树干和树枝越多，发展的空间就越大。中国的民间组织“走出去”是中国这个整体的一部分，有着扩展的内在动力。就像中国企业“走出去”所遇到的张力一样，中国的民间组织“走出去”也会遇到同样的张力。“红色资本”和“红色民间组织”将会构成有特色的中国“走出去”的浪潮。我的一位英国教授朋友说，“小云，你应该建议你们政府向美国和欧洲派遣 NGO”。他是知名的发展学家，他表达的意思是自由主义和新自由主义的社会生态需要做出改变。

中国民间组织“走出去”将会带着自身在中国如何发展的经验，这个经验显然不同于西方民间组织。西方民间组织作为平衡国家的独立力量成长于竞争性政治的环境之下，他们对于自己那种自由相当的自豪，这也是中国民间组织喜欢引用西方民间组织如何发展的原因。西方的民间组织以各自“独立”的议程伸展到很多发展中国家，在发展中国家构建了与在西方相似的对立型的国家与民间组织的关系模式，它们显得更加直率。而中国的民间组织则更多地在与政府合作或者在巧妙周旋中成长，他们会自然地倾向于和政府构建一种平衡的合作关系，显得更加圆滑。西方的民间组织会更多地把“民间性”和“斗争性”带到发展中国家，而中国的民间组织有可能更多地把“国家性”和“妥协性”带到发展中国家。我算是对非洲有些了解的发展工作者，我看到了很多竞争性政治对发展的制约。当然，作为一名在中国的发展工作者，我也知道“过度性国家权力”给社会带来的弊端。

中国的对外援助和海外投资正在“形塑”新的全球发展观。从去政治化的角度看，历史不会按照福山先生讲的就此终结。虽然自由和民主的前景很难让人拒绝，但是至少通向自由民主之路是多样的。虽然国际民间社会组织的政治取向非常多元化，但是它们的人格和生存生态相对来说是单一的。中国民间组织的国际化将会如何推进还是个问号，不过我认为中国民间组织的国际化首先对于很多发展中国家来说，至少是一种选择性的经验。

我在讨论非洲问题的很多场合都讲过，西方非政府组织对非洲发展的影响，特别是负面影响的问题。首先，在非洲政府作用很弱的情况下，非政府组织的作用很重要，但是“过度性非政府作用”和“过度性政府作用”一样有害。其次，中国的民间组织在促进社会发展方面的创新是很多的。2016 年初，我和国内几个基金会的同事到访德国，听德国的朋友讲他们的筹资经验，我当时想，在中国要是这样筹资估计筹不到几个钱。这种感觉和我15年前与涂猛、崔玉等在英国参观的感觉完全不同。我从来没在任何我去过的发展中国家见过像“希望工程”、“爱心包裹”，还有“免费午餐”那样的公益项目。说中国的民间组织落后，我有些不大接受。现在看，中国的公益事业就像中国的经济一样，很有“发展”潜力，也就是说有大量的发展型经验，是“发展型公益”，对其他发展中国家很有借鉴意义。最后，就如同中国经济的发展经验一样，中国的民间组织“走出去”也会对国际公益的政治社会生态产生影响。康晓光说仁爱比博爱更普世，我不做研究不敢妄加评论。虽然中国民间组织的发展受到了西方公民社会思潮的影响，但是中国民间组织发展到今天是植根在中国历史文化和现代政治社会土壤中的，自然承载着中国的文化符号。中国民间组织的国际化必然会遭遇多种文化的碰撞，在中国经济的支撑下，民间组织在这个境遇场中不可能没有话语权。表达话语权的过程也就自然会“形塑”占主导权的西方公民社会范式，西方的霸权不只在政治经济方面，也在文化方面，当然也在公民社会方面。

中国民间组织“走出去”之所以能成为中国“走出去”的第三次浪潮，还不全在于一个成熟社会在强劲经济驱动下的自发性的内在文化动力（即现代形态的资本扩张引发的社会意识形态的扩张），也在于很多功利性变量的成长。民间组织的资金需要、青年人海外就业的刺激心理、因越来越多的民间组织出现所导致的功能分工等，在这些内外因素的刺激下，我觉得这种趋势能成为一种“浪潮”。我在此既不是歌颂也不是否定民间组织的“走出去”，相反，我更关注这个潮流背后的社会政治学含义，并以此来认识中国的发展转型。